操控人心的技巧

超影響力～歴史を変えたインフルエンサーに学ぶ人の動かし方

讀心師
DaiGo 著
伊之文 譯

向歷史人物學習操縱人心的方法，
跟著頂尖讀心師培養超影響力！

晨星出版

從國際局勢、流行風潮、社會動向，
直到工作成果高低和人際關係，全都取決於**「影響力」**。

拿起這本《操控人心的技巧》的讀者或許都察覺到這一點了吧？
大家應該都曾經受到「操弄人心的力量」影響，
例如特別聽某人的話，覺得他很厲害，
每當對方推薦了什麼就跟風，想要追隨，甚至無法違逆他。
這樣的人，我們稱之為**「意見領袖」**、
「天才」、**「網路名人」**、
「八面玲瓏者」或**「幕後操盤手」**。

那麼，一般人和擁有「操控人心」能力的人，
差別真有那麼大嗎？

答案是並非如此。

兩者唯一的差別在於

「是否刻意或無意間使用了本書傳授的技巧」。

而且，只要有心，

這些技巧無論是誰都能輕易學會！

那麼，
該怎麼做才能操控人心呢？
我將以歷史偉人為例，
援引研究機關的數據資料，
為各位傳授特別有效的**「超影響力」**。

序章——「超影響力」能改變什麼？

首先，我要坦承一件事。

撰寫這本書的我，其實從小到大都不擅長與人往來。

在回顧痛苦的過往時，很想告訴大家「長大之後就能學會與人相處了」，但老實說我至今仍然不擅長經營人際關係。

假如你對我的印象來自「D-Lab：讀心師 DaiGo 的心理學徹底解說」或 YouTube 直播，或許很難想像我文靜的一面。

為了把新知識傳達給大眾，我在影片中口若懸河又比手畫腳，有時還會上演一人分飾兩角的小劇場。

那樣的我，看在你眼中或許很外向、很懂社交。

然而，平常的我其實很怕生又寡言。

我最近比較少跑通告，但要上電視時，我再次察覺到自己多麼不善社交。

在錄製電視節目的攝影棚和休息室之間，有個讓來賓等待開錄的空間。那裡備有飲料零食，藝人們會在此處互相談笑，氣氛一片和樂。

至於我，直到工作人員喊開錄之前，都隱身在牆邊看書。我到企業或各地演講時也都是如此，盡量安靜地在休息室度過，避開人多的地方。無論如何都得在場時，我則是呈現壁花狀態。

為什麼會這樣呢？原因很清楚。

真要說起來，**我屬於有社交障礙的內向性格**。

以前，我曾經做過科學上可信度最高的「五大性格特質」測驗（Big Five personality traits），從中得知我極度缺乏協調性和同理心。

擁有這種特質的人喜歡獨自行動，往往愛批評別人。得知測驗結果之後，我終於了解自己國小、中學時為什麼會被霸凌。

喜歡看書，愛批評別人。

平常都不開口說話，但要批評時總是不吐不快，不在乎班上的權力關係與人際往來。白目的傢伙持續給出辛辣的評語，毫不退讓地主張自己的意見，就會成為眾矢之的。

結果是，我的室內鞋裡被人偷放圖釘，在廁所裡被潑水，這些只在電視劇中才會看到的場景成了我的家常便飯。我從小一到國二這八年持續遭到霸凌，也沒有朋友。

當時的我期待著「只要重新編班，應該會有人願意幫助我」、「只要班導師換人，應該就會注意到我被霸凌」，然而事情一再違背我的期待。當時我認為自己的人際關係不如意，全都是別人害的。

就在這種情況下，我在國二的某一天大發飆，引發了某起讓旁人都怕我的事件，詳細狀況在我從前的著作中已經描述過。結果是，儘管我仍然受到孤立，但霸凌就此停止。

這時，**我有了大發現：「既然別人不幫助我，我只能自救。」**

這就是我成為讀心師 DaiGo 的起點。

「影響力」讓我不再受到霸凌

這次經驗對我來說是非常大的收穫。

因為我終於學到，**「只要主動採取行動，就能改變世界」**。「希望老師阻止霸凌」和「轉學生出現，成為我的好友並拯救我」都只是願望和白日夢，不過是一時的安慰。

但是，只要主動出擊，就能大大改變現況。

當時的我在了解到這一點之後，決定把自然捲燙直，捨棄眼鏡改戴隱形眼鏡，還要讓考試成績從吊車尾上升到全年級前三名，並實際接連執行。

當我改變外表來左右第一印象，就連可看出個人能力的考試成績也進步時，旁人看待我的眼光自此轉變。

我切身體會到，不必改變自己原本的個性和想法，**只要在外觀和表達方式上花一些心思，旁人對自己的評價就會變好**。

如上所述，我藉由改變自己得到正面效應之後，便開始正式學習心理學、統計學、行為經濟學與腦神經科學。

此外，在學習各領域知識的過程中，我還察覺，**自己改變外貌和成績進步所得到的成效，就是「說服力」和「影響力」所帶來的**。

若將這兩種力量發揮到極致，就是歷史偉人也運用過的**「煽動大眾術」**。

由「說服力」和「影響力」組成的「超影響力」為何？

對了，各位知道「讀心師」（Mentalist）原本司職於何種工作嗎？若爬梳歷史，「讀心師」在歐美原為政治家的智囊，負責撰寫演講稿、傳授有效的說話方式與肢體動作，協助政治人物操控大眾的心。

換言之，**讀心師的專業就是煽動人心**，在支持政治人物的過程中，那些技巧經過千錘百鍊，成了**結合「說服力」與「影響力」，並促使眾人採取行動的技術**。

儘管如此，「煽動大眾」一詞或許會給你負面印象，而我也不希望「超影響力」被濫用於政治宣傳（Propaganda）。

因此，本書將「結合說服力與影響力，並促使大眾採取行動的技術」稱為**「超影響力」**。

超影響力能夠讓你說服眼前的人、團體、組織或群眾，影響並操縱他們。實際上，**我自己也是藉由活用超影響力，才得以實現不仰賴巨大權力、他人或特定場所與時間的工作模式**。

20多歲時，我以讀心師身分上綜藝節目，忙到連睡覺的時間都沒有，高壓的生活十分折磨。儘管身為讀心師，但我自己的心卻先崩潰了，只好選擇逃避一途。

我屬於一旦察覺錯誤或效率不彰之處就會馬上指出、發言不會看氣氛的類型，就算跳槽到日本企業那種把地位高低看得比是非對錯更重要的環境，也不可能混得好。

因此，即使電視圈和觀眾希望我做出神乎其技的表演，但我不再回應他們的期待，而是決定回到原點，發揮「超影響力」。

我將過往習得的各種學術研究結果，整理成讓許多人能在日常生活中應用的形式，並開始運用超影響力的技巧向社會發聲。

結果是，我的影音平台「D-Lab：讀心師DaiGo的心理學徹底解說」如今有了大約8萬名付費會員，成了由形形色色觀眾組成的社群，包括像你這麼好學的人、想要發揮所學的人，以及和從前的我一樣想要改變人生的人。

而我的周圍則有少數的優秀工作人員理解我棘手的性格，我才能在沒有壓力的情況下，成功實現好幾種商機。

如同我一開始所坦承的，我在成年後的現在依然欠缺協調性，也並未變得更有同理心，自己的內在個性和想法同樣一如往常。

儘管如此，超影響力仍然發揮了它的效力。

即使你不善社交的程度更遜於我，也不必在意。**無論你是內向、還是外向，超影響力的技巧都能為你的工作和人際關係帶來正面變化。**

「超影響力」能夠解決你的問題

你正面臨著什麼問題呢？

只要學習「超影響力」的知識，並在日常生活中加以實踐，這些困難就能迎刃而解。

因為**那些困擾你的問題大多和不如意的事情有關，而且原因都出在「人」身上**。

- 明明找到了最好的解決方法，但頑固的上司卻不認可。
- 自己的努力得不到另一半認同。
- 狡猾的同事受到表揚，身為無名英雄的自己卻無法博得好評。
- 被愛耍任性的男女朋友折騰。
- 手握大權的客戶態度反反覆覆，令人困擾。
- 遭受父母強烈否定，經常窺探周圍人的臉色，很痛苦。
- 受不了隨波逐流的自己。

●想要引領群眾，卻無法改變自己。

如上所述，事情之所以不如你意，難道不是因為旁人或自己成了阻礙嗎？努力得不到認可、自己認為好的事物不被接納、承受不合理的要求、過著不符自己期盼，而是別人想要的人生……。

如果你正為了自己認真付出，卻沒得到應有的收穫而感到不滿，這本書將能成為解決問題的關鍵，**因為我會透過本書傳授方法，促使周遭的人成為你的盟友，並且往你希望的方向採取行動**。

其實，本書的序章也是運用超影響力的技巧撰寫而成。

我的想法、過去的經歷和現在感受到的喜悅都是真的，絕非虛構。

但是，這個章節裡滿滿都是本書即將提到的技巧，例如操縱潛意識的**「閒聊技法」**和**「反覆」**，以及**「同情」**和**「身分標籤」**等促使別人行動的觸發開關。

受此影響，你對「超影響力」應該更感興趣了才是。

各位讀者對序章的哪個段落心動了呢？序章的哪裡暗藏了超影響力的技巧呢？

請各位繼續從第1章開始往下讀，並且享受「對答案」的樂趣。

「影響力外行人」容易掉進的陷阱

「超影響力」結合了說服力和影響力，能夠促使人們展開行動，其概念**可以應用在工作交涉、人際交流及追求心儀對象上，除了個人之外，用在公司、群體或顧客身上也很有效**。

在我接觸讀心術之後，起初花了最多時間在學習如何煽動大眾，因為我察覺**自己若要出人頭地，所需要的知識都集結在那裡**。

許多人在不懂如何發揮影響力的情況下建立人際關係、工作和生活，這是非常可惜的事，要是不表明自己想要往哪個方向前進，就很難增加戰友。

若比喻成商品，就有如優質產品堆置在倉庫裡不見天日，一旦有網路名人發現並在試用後向社會大眾推薦，就會引發更多人察覺它的存在，頓時躋身暢銷商品之列。

談戀愛也是相同的道理。

喜歡並重視一個人，也對他（她）很好，但若不將愛意傳達給對方就沒有用。

「告白」就是行使你的影響力，若對方接受你的表白，你的人生就將迎向新局面。

換句話說，**所謂的影響力，就是要先讓你自己成為引領風騷的人物，並表明自己想要的方向、希望與夢想，才能發揮出來。**

假設你不發揮影響力，只是等伯樂來發掘你，你或許就會變成沉睡在倉庫裡的滯銷品。

用更生活化的例子來比喻，當你為家人或伴侶做飯，但對方卻只是默默地吃，你會不會感到不悅呢？這也是影響力。

你之所以感到不悅，是因為你期待對方說感謝，稱讚料理很美味，但他卻連一句話都沒說。

可是，若你多問一句：「肚子餓了嗎？」、「好吃嗎？」藉此運用你的影響力，對方就會做出某種正面回饋才對。

也就是說，**不表達心意就等著吃虧**，這一點在職場或公共場合也一樣。

然而，**許多人都是從沒學過如何運用影響力的外行人，所以會配合眼前的對象，觀察氣氛做事**。他們已經習慣看旁人的臉色、在意上司或顧客的態度、摸索男女朋友的心思，強迫自己遷就對方，還認為這就是最稀鬆平常的溝通方式而飽受壓力。

但是，超影響力的觀念與此不同。

不是你配合別人，而是讓別人來配合你。

無論對象是好相處又和藹可親的人、還是強勢又難搞的人，又或者你面對的是這兩種人混合的團體，目的同樣是操縱對方往你期待的方向前進。

「超影響力」能閃耀你的未來

學會「超影響力」將能達到下列的效果。

- 在一對一的對話中發揮說服力。
- 能夠說動人，卻不令人反感。

「超影響力」
與一般溝通方式的差異

「超影響力」	一般的溝通方式
1 意識到自己是帶來影響的那一方，主動驅使別人。	1 看別人的臉色，被動地配合他們。
2 將自己的想法和意圖確實傳達給大眾或眼前的對象。	2 自己明明都已經在配合對方，卻得不到想要的反應。
3 大眾或眼前的對象會做出你想要的反應。	3 自己老是被別人指揮、驅使，因而飽受壓力又疲憊。

- 旁人將會主動察知你的意圖。
- 再也不會受騙上當。
- 能夠解讀別人的不良企圖。
- 能夠靠自己決定事情。
- 在一對多的場合發言也不緊張。
- 能在一對多的場合發揮影響力。
- 讓群眾站在自己這邊。
- 看穿對方是否在欺瞞自己。
- 能夠識破假消息。

行銷的大原則是考量市場需求，但超影響力的概念剛好相反。

要用什麼方法，才能讓自己手上的東西大賣？要如何說服並影響大眾呢？要怎麼做，才能讓眼前的人或群眾想要掏錢購買呢？

「超影響力」不是尋找市場需求，而是創造市場需求。

學會「超影響力」，將有下列3個好處。

「超影響力」的好處1　能建立強韌的人際關係

其他行業或社群的掌權者會聚集到具有影響力的人身邊，就能隨之結交到可以互相切磋的朋友，增加自己的個人魅力，因為人會大大受到來往的社群所影響。

若以遊戲《集合啦！動物森友會》來比喻，我就是待在讀心師業界這個遊戲中的孤島上。但是，當我的影響力變大，就能和各行各業的人連結，前來拜訪的人越來越多，世界也更遼闊。

「超影響力」的好處2　經濟狀況會比目前更加寬裕

若你擁有影響力，就能驅使他人或組織，伴隨而來的好處是經濟狀況會變得更寬裕，因為你能和不同領域中擁有影響力的人連結，獲得巨大的利益。

超影響力帶來的3大好處

藉由「超影響力」操縱自己的人生

「超影響力」的好處3　獲得時間和自由

當你擴大和他人的連結，就知道要透過什麼方法、委託誰做什麼事才能解決問題，將全副精力傾注自己的專長上，工作效率會變好。至於不擅長的事情則是交給別人去做，於是你就能獲得自由並能隨心支配時間。

簡單來說，只要培養「超影響力」，就能**獲得**每個現代人都想要的三樣東西，亦即**「強韌的人際關係」、「寬裕的經濟」、「時間與自由」**。

要從哪裡開始讀起？從何做起？
本書的正確使用方式

本書第1章將傳授讀者如何建立超影響力的基礎，亦即「信賴感」與「相關性」；第2章會教大家做好準備，以便在一對一或一對多的場合鼓動聽者的潛意識；第3章將深入探究能實際使喚別人的觸發開關。

打好基礎、做好準備，並且推對方一把——只要記住這3個步驟，就能一口氣放大你的影響力。

此外，第5章則網羅了各種禁止濫用的暗黑手法，能夠更加發揮超影響力的效果。

順便一提，如果你自認已經積極表達意願和意圖，也動用了影響力，卻仍然無法說動別人的話，請從第4章開始讀起。

第4章整理了說服力與影響力的錯誤用法，以及你讓別人反感的原因。若先搞懂不順利的原因，再回來閱讀第1章，你的學習動力應該會大幅上升。

最後，有一件事我在每本著作中都會提到，那就是「自己懂得的知識，只要不實踐就沒有意義」。

比「不懂」更高的層次是「懂得」，「懂得」的更高層次則是「實踐」。然而，「懂得」和「實踐」之間有一道高牆。

倘若你真的想要改變周遭環境，請你務必要跨越「懂得」和「實踐」之間的鴻溝。

只有一個方法能夠預測未來，那就是靠自己的力量創造未來。我衷心期盼這本書能成為改變你人生的轉捩點。

讀心師 DaiGo

目錄

第2章 讓人留下記憶，操縱其潛意識的5個方法

第3章 驅使個人與群體的6個「觸發開關」

第4章 你沒能驅使別人的3個原因

第5章 7個嚴禁濫用的暗黑操控術

1 章

帶來影響力的2大原則

具備影響力之人運用了「信賴感」和「相關性」

在第1章開頭，我想先舉出兩個比喻。

請讀者一邊閱讀、一邊想像當自己遇到同樣的情況時會怎麼想。

「人們在起貪念時才會感到恐懼，感到恐懼時才會起貪念。」

這是股神巴菲特（Warren Buffett）的名言。

當你正在猶豫要如何運用金錢時，若聽到巴菲特這麼說，這句話應該會很清晰地留下記憶，甚至成為你的座右銘。因為說這句話的人是巴菲特，他從11歲就開始投資股票，在他這一代就累積了超過10兆日幣的淨資產。

那麼，假設證券公司的年輕業務員對你說了一模一樣的話，你會有什麼感想呢？

你大概會很反感，覺得對方很臭屁，猜想他八成是偷別人的名言來用，或者是懷疑他想拐你買下會賠錢的股票。

再來，如果你遇到以下情況會如何呢？

當你的工作一帆風順時，如果有職場老鳥對你說：「還好嗎？有問題都可以隨時找我談喔！」你大概只會覺得他人真好，或者有點雞婆。

但是，當你在工作上出了大包，不敢承認，抑或是正在煩惱職場上的人際關係時，若有人對你說有事都可以找他，這句話肯定會打動你的心。

如同種花前要先耕耘和播種一樣，**若想成為具有影響力的人，就必須做好準備**。

綜觀上面這兩個例子之後，我想問你下列問題：

1. 巴菲特有，年輕業務員卻沒有的東西是什麼？
2. 即使是同一句「有困難可以找我」，為什麼有時候能打動人，有時卻不能呢？

其實，這當中隱藏著讓人理解並發揮「影響力」的2大原則，亦即**「信賴感」**

和「**相關性**」。

● 即使是同一句話，人會選擇聽從自己信任的對象。

● 即使是同一句話，人只對「和自己有關」的事情感興趣。

當說話者深受信賴，或是說話內容和聽眾本身有很大的關聯，他就能對聽眾或其所屬的團體發揮影響力。

如何對親朋好友以外的人發揮影響力？

請各位想一想：你有幾個值得信賴的親朋好友呢？

你腦中應該不會浮現幾十人、幾百人的臉孔吧！一般來說，大家通常只會想到少數幾位能夠放下戒心的知己、家人或恩師。

當你有了煩惱，面臨人生的重大抉擇時，你會找這些人商量，傾聽他們的建議，

明明是同一句話，影響力為什麼差這麼多？

人們在感到恐懼時才會起貪念。
大人物都這麼說了，就一定沒錯！
有無「信賴感」
有問題可以找我！
（好厲害……）我正在煩惱呢！
有無「相關性」

因為他們了解你的狀況，會設身處地為你想辦法。也就是說，**他們能給予你「信賴感」，而且話題和你自身有「相關性」**。

換言之，**若對方對你有「信賴感」，你就容易對他發揮影響力**。

然而，在許多情況下，要建立深厚的信賴關係很費時間。

無論是同學、同事、還是興趣相投的好朋友，都要共同度過一段漫長的歲月，以及伴隨喜怒哀樂的相同體驗，才會發展成能夠互給建議的關係。

但是，若要說「影響力」的關鍵在於「時間」，讀者們應該無法信服吧？

若從本書主題「影響力」的角度來看，就會發現一個事實：你我其實會受到更多人的各種影響。

我們並非只相信值得信賴的特殊人物所說的話。

有時候，對於初次見面的人，我們可能會同意他的見解；有時候，我們會被書中的偉人名言打動，或者是偶然在YouTube上看到讀心師的影片而受到影響。

也就是說，若要發揮影響力，「信賴感」和「相關性」雖然不可或缺，但若要締結兩者兼備的信賴關係，並不一定需要時間和相同體驗。

具有影響力的人懂得如何成為值得信賴的說話者，也知道如何讓聽者覺得這件事和自己有關。

換言之，他們很擅長在短時間內取得聽者的信賴，讓對方覺得「這個人接下來要說的內容和我有關」，進而影響其想法和行為。

想要有效率地博得「信賴感」並建立「相關性」是有方法的

舉例來說，我在自己上傳的影片中，會意識到要提供對觀看者有「實用價值」（Practical value）的內容，原則上會發布下列這三種資訊。

❶ 能讓觀者的人生往更好的方向前進，包括我自己。

❷ 能夠改善人際關係，懂得如何解決親朋好友的煩惱，將影片中的資訊運用在周遭的人身上。

❸ 讓人與人之間的溝通更圓滑，影片中的資訊甚至可以當作平常閒聊的話題。

實用資訊會令人產生「信賴感」；能讓人生好轉的資訊，會讓許多人覺得影片內容和自己有「相關性」。

而且，人們會想要把自己認為有用的資訊，以及自己運用過的訣竅推廣給別人。

因為，**當人們把自己率先得知且體會到好處的資訊告訴別人，讓對方感到開心或認可，就能滿足自己渴望得到認同的需求。**

當我持續發布對大眾有價值的資訊，一支一支地慢慢累積影片數量，結果就是我的影響力變大，能夠讓素未謀面的人改變想法或行為。

和「煽動大眾」有關的研究，已經揭曉有好幾種方法能夠有效率地獲得「信賴感」，並建立「相關性」，「發布有實用價值的資訊」就是其中之一。

只要學會個中訣竅，即使沒有與生俱來的領袖魅力，不必花長時間培養人際關係，仍然能對別人發揮影響力。

那麼，以下我就來解說有影響力的人都在實踐的方法，包括「如何在短時間內博得信賴感」，以及「讓聽者對相關性有感」。

重點整理

只要學會並善用「信賴感」與「相關性」，就能飛躍性地提高影響力。

博得「信賴感」的3個步驟

具有影響力的人都是按照下列這3個步驟，有效率地取得信賴。

1. 用「閒聊技法」和人打成一片。
2. 用「強調優勢法」讓對方產生自信。
3. 藉由「相似性與共通點」來加深夥伴意識。

以下我將針對這3點逐一說明。

步驟

1 「閒聊技法」

○ 5個有效的閒聊話題

首先，第1個步驟是**「閒聊技法」**（Schmoozing）。

這個詞彙雖然不常聽到，但並不是多麼困難的技巧。簡單來說，**只要在進入正題之前閒聊自己的事即可**。

「在進入正題之前閒聊」乍聽之下是個很老套的方法，但**重點是「要聊自己的事」**，聊天氣、時事、流行趨勢和業界傳聞，都不能算是「閒聊技法」。要聊和你自己有關的話題，而且必須觸及核心才有效。

社會心理學家伍德（Gary Wood）曾提出「10個適合自我揭露的主題」，在這裡，我將介紹其中**5個適合用於閒聊技法的話題**。

這5個話題容易讓雙方向彼此開口並能持續小聊一會兒，以「我是這樣的人，那你呢？」的模式來對話。

有效的閒聊話題1　對金錢或健康的憂慮

每個人多半都對金錢或健康有某種煩惱，因此談論這兩件事能夠一口氣拉近距離。

「我有段時間身體不舒服，改善睡眠方法之後就好睡多了。你平常睡得好嗎？」

「光是回老家就要花不少錢呢！支出很難減少，有錢沒錢真的煩惱不完，對吧？」

訣竅在於，要讓對方覺得你向他透露了私事，如此一來，基於「相互性規範」（Norm of reciprocity），對方也會想要說出自己內心的擔憂。

於是，對方也體會到他揭露了自己的心底話，進而對你產生親近感。

有效的閒聊話題 2　人生中幸福與快樂的事

你可以聊聊人生中的正面事物，例如自己的興趣和愛好、最近沉迷的事物、讓你感到幸福的時刻等等。

「我最近迷上做精緻料理，不僅動手做的時候能全心投入，完成後還有美食可吃，家人也很開心，真的是找到一項很棒的興趣呢！」

「我有養貓，和寵物在一起的時光好療癒啊！你有沒有養什麼寵物呢？」

若你聊起這類能夠帶著笑容談論的話題，對方聽了會很愉快，也想要和你分享自己生活中的小幸福。

有效的閒聊話題3

自己的弱點或缺點

如果你有長年的困擾、想要改善的事物、自己不拿手而希望別人幫忙的事情，不妨將這些缺點或脆弱的一面揭露出來。

「我不擅長面對群眾，有段時間一直在煩惱該如何建立適合自己的人際關係。」

「最近，我才終於察覺，自己要求完美只不過是一廂情願。」

敢於揭露自己的煩惱或弱點，就代表你能夠客觀看待自己。**對方聽了你的自白會善意解讀，認為你是個很踏實的人，能夠同理別人的煩惱和弱點。**

有效的閒聊話題4

自己的嗜好或興趣

和人聊天時，你可以把自己長年以來的嗜好，或是未來有興趣想要投入的事物當作話題。

不過，聊嗜好時要有技巧。假如你只說「我的興趣是○○」，萬一那正好是對方不感興趣的領域，雙方的對話就會以一句「這樣啊」畫下句點。

因此，**你要在對話中穿插一些故事，例如你開始從事那項嗜好的原因，抑或是透過嗜好得到的收穫**，這樣子對方比較好接話。

「我從以前就喜歡看心理學的書，一有時間就會閱讀。而我對心理學感興趣的原因，就是我有了單戀的對象。」

「我最近開始做重訓，身材變好讓我很開心，但更重要的是連專注力也提高了。」

有效的閒聊話題5

失敗經驗或有罪惡感的往事

閒聊時，不妨提起自己的失敗經驗，或是至今仍然有罪惡感的事。

若你能同時聊聊自己從失敗中學到的經驗，就會讓人留下你從失敗中成長、能同理別人痛苦的印象。

也就是說，這樣的話題能讓別人感受到你是有血有肉之人。

此外，和晚輩聊聊自己的失敗經驗，將能打破你在他心目中「遙不可及」的既定印象，使雙方更親近。

「我從前是個家裡蹲，給父母添了很多麻煩，但某天在影片裡看到○○的故事，便想要像他一樣，下定決心改變。」

「別在意，我剛開始同樣挨罵好幾次，業績也吊車尾，但抓到訣竅之後就上手了。社長是因為對你抱著期望，才會那麼說。」

○閒聊技法能一口氣縮短雙方的心理距離

如上所述，若你學會「閒聊技法」，就能大幅縮短與對方之間的心理距離。史丹佛大學的研究團隊在二〇〇二年做了實驗，證實了「閒聊技法」的成效。

在該實驗中，研究人員提供指示給大約一百名學生，請他們為慈善事業募款。參加的學生分成下列3組，並比較哪個組別的募款成效最好。

❶ 在電子郵件一開頭就要求捐款。

❷ 在電子郵件開頭先閒聊自己的事情，例如出生地或熱心支持的運動隊伍，接著才提出捐款的請求。

❸ 先在電話中閒聊自己的嗜好等話題，再寄送要求捐款的電子郵件。

結果很清楚。**第❷組和第❸組在提出捐款要求之前先分享了自己的私事（使用「閒聊技法」），成功募到款項的機率高了20%。**

此外，比起只用電子郵件閒聊的第❷組，**事前打過電話的第❸組成功率又更高**。

而且，該研究團隊還做了再多一個對照組的實驗，不是透過電子郵件或電話，而是事前面對面閒聊，之後再寄募款的電子郵件，觀察這種情況下會發生何種變化。

結果是，**直接和對方見面的組別不僅有較高機率募得捐款，而且金額還有偏高**

「閒聊技法」能改變對方的反應

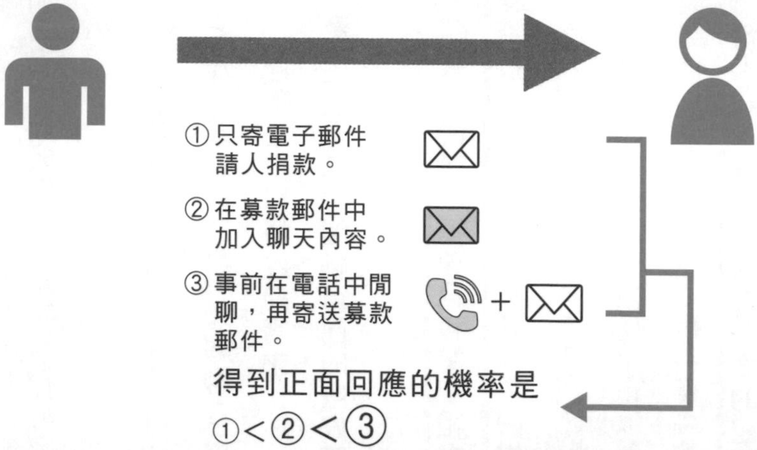
①只寄電子郵件請人捐款。
②在募款郵件中加入聊天內容。
③事前在電話中閒聊，再寄送募款郵件。
+
得到正面回應的機率是
①<②<③

若要博得「信賴感」，就要先透過「自我揭露」拉近距離。

的傾向。

研究人員指出，這是因為「閒聊技法」有助於「自我揭露」，使雙方之間產生連結。即使是不重要的事也好，若你能主動聊起和自己有關的話題，例如嗜好、出生地、重視的人事物或喜歡的漫畫等等，對方就會尋找他和你的共通點，對你產生親近感。

從史丹佛大學的研究可知，**即使只是透過電子郵件或電話使用閒聊技法，對方願意協助的機率就會提高20%之多**。

業務員若劈頭就開始介紹商品會惹人討厭，同樣地，突然進入正題，對方就沒有意願聆聽。要預先做好準備，縮短距離，別人才會對你接下來要談的正事感興趣。

步驟 2

強調優勢法

○人會相信在背後推自己一把的人

第2個步驟是「強調優勢法」。

這個技巧是要讓對方產生自信，更容易採取行動。

具有影響力的人會在不知不覺中將周遭的人牽扯進來，讓他們成為盟友，操縱他們的心。而在背後支持這股力量的，就是「強調優勢法」。

若想操控別人，祕訣在於讓對方產生想要主動做事的意願。欲讓別人主動行事，你所需要的並不是用命令的語氣下指示或威脅對方。人要在能獲得認同或是感覺到自己被他人需要時，才會採取行動。

因此，**具有影響力的人會先按照步驟讓聽者產生自信，使他覺得「我充滿力量，有行動力、能力和機會」並採取行動。**

其實，我個人也會頻繁使用「強調優勢法」，在公開影片中反覆傳遞下列訊息：

「觀看這個頻道的各位觀眾朋友一定能得到許多知識，而且那很可能是一般人一輩子都接觸不到的知識水準。」

「半夜心情低落時該怎麼辦？有什麼方法可以找回容易中斷的專注力？要怎麼做才能瘦得健康？如何讓另一半願意聽你說話？」

「大家已經擁有能夠解決問題的知識和工具，也做好了起而行的準備。」

以上全都是真心話，沒有虛假，但我之所以反覆發出上述訊息，是因為我知道這樣能給觀眾力量。

只要觀眾知道「看了這個影音頻道，就能學到某種對策」，光是如此內心就會湧現一些力量，**並且信任提供資訊、在背後推自己一把的人。**

○比較對方的過往和現在，讓他發現自己的價值

我都是透過影片使用「強調優勢法」，而這個技巧若用在面對面溝通時，可望達到更好的效果。

重點在於，要滿足對方的自我肯定感。人在受到他人認同和需要時，會相信自己是重要的存在，於是就能找回失去的自信，更有行動力和執行力。

舉例來說，假設你身邊有人在工作或學習上碰壁，因而失去自信，你會怎麼安慰他呢？

在大多數情況下，你應該會用正面的話來鼓勵對方，例如說聲「加油」或「失敗為成功之母」，但具有影響力的人還會再多費點心思，好讓對方找回自我肯定感。

他們說的話，會促使對方拿現在的自己和過去做比較。

「你回頭看看自己一路努力過來的軌跡吧！是不是某方面比以前更能幹了？這就是你成長的證據，這次遇到的瓶頸一定對未來有幫助。」

「你的努力，我和其他人都看在眼裡。即使你失敗了一次，我們還是信任你，扳回一城的機會很快就會來臨！」

向對方說這些話，**指出本人沒有察覺的自身成長和變化**，給他一個客觀審視自己的機會。

重點在於不和別人比較，而是聚焦在他的過去和現在。每個人都希望自己是重要的存在，當對方的這種需求沒有獲得滿足，內心正在動搖時，你更要告訴他：「你的存在本身就有價值。」

當對方再次察覺自己的成長、變化、能力和價值，幹勁就會一口氣提升，因你的一句話而強化。

不僅如此，對方還會對於賦予他自我肯定感的你產生好感。

○ 藉由「強調優勢法」找回自信的人，會對說話者萌生好感

「強調優勢法」能建立信任基礎

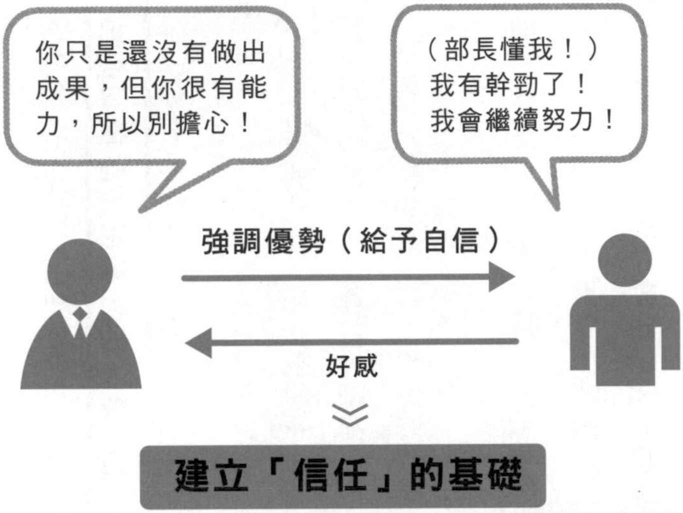
你只是還沒有做出成果，但你很有能力，所以別擔心！
（部長懂我！）
我有幹勁了！
我會繼續努力！
強調優勢（給予自信）
好感
建立「信任」的基礎

當你想對個人或團體發揮影響力，「好感」是不可或缺的情緒。

當對方聽了你說的話，對你產生好感，這將會成為雙方締結信賴關係的基礎。

舉例來說，那些在歷史上留名的大眾煽動家會反覆說出能直達大眾心底深處的話語，使他們對自己產生好感。

德國在第一次世界大戰後面臨經濟蕭條的困境，希特勒對國民說：「你們擁有戰鬥的力量！無論面對什麼樣的困境，你們都不會失去身為德國人的驕傲！」藉此獲得廣大支持。希特勒透過巧妙的演說激發人民對他的好感，並如此煽動人民支持戰爭：「只要我們團結一致並肩作戰，就一定能夠看見勝利的曙光！」

希特勒的所作所為當然無可原諒，但他確實是位一流的大眾煽動家。

那些發揮強大影響力的人會把對方的過去和現在做比較，持續發出「你辦得到」、「你有能力」的訊息。

「因為你個性內向，所以做事很細心。」

「唯有謹慎的人，才會察覺細節。」

「無論什麼樣的人，一定都擁有改變人生的力量。」

別只是做表面說客套話，重點是**要放感情傳達**。

在話中放入真心的期望，傳遞能激發力量的訊息，對方就會往好的方向改變。

相反地，隨口胡謅的鼓勵表示你只想到自己，謊言馬上就會被看穿，因為根本就欠缺真實性。

假設你真的想要說動伴侶、子女、上司和晚輩等周遭的人，別忘記用上「強調優勢法」。

要讓對方找回自我肯定感和自信。若能做到這一點，對方一定能恢復行動力，而且**永遠不會忘記你就是那位用一句話給他力量的人**。

步驟

3 強調相似處與共通點

○讓人對你產生親近感的祕訣

第3個步驟是「**強調相似處與共通點**」。

具有影響力的人不會很顯眼地立於人上，**他們就近在身邊，是你能夠馬上商量的夥伴，站在這樣的立場影響周遭的人**。

以高高在上的視線待人的領導者不好親近，親民的領導者才能博得好感、受到支持，而其祕訣就在於「強調相似處與共通點」。

舉例來說，你是不是曾經和陌生人打開話匣子，但事後冷靜回想，才發現話題都是一些雞毛蒜皮的共通點呢？

- 來自相同的地方。
- 生日很接近。
- 彼此血型相同。
- 同姓或同名。
- 畢業於同一間學校。

即使年齡有差距，但若是同鄉或同一所學校的校友，彼此之間就能找到小小的共通點，例如當地名店、過譽的店家、知名教師，或學校附近方便打發時間的去處等等。

此外，若雙方的生日很接近，就可以聊：「我過生日都連同聖誕節一起慶祝！」、「我的生日是國定紀念日，讀國中和國小時總覺得很光榮！」假使彼此剛好是同一種血型，就可以聊：「我做血型占卜時，人家也是這樣說我！」、「聽到別人說『某某血型就是怎樣怎樣』，我就好火大！」若姓名有一部分相似，就能聊起「你的綽號是什麼？」、「我經常被人家叫錯名字」等話題。

儘管這些話題只能讓雙方互聊少少幾句就告一段落，但當作「閒聊技法」卻會發揮絕妙的功能，因為「相似度」讓人產生的好感遠大於我們的想像。

實際上，目前已知，**光是彼此之間有小小的共通點，人們就會傾聽別人說話，接納對方的機率會提高將近2倍**。換句話說，只要讓人產生共鳴及好感，你對他的影響力和說服力就會大幅提高。

○ 光是「喜歡相同的形容詞」，願意聆聽的機率就會翻倍

美國加州的聖塔克拉拉大學（Santa Clara University）曾做過下列實驗：

研究團隊請受測者從50種形容詞中選出20個喜歡的詞彙，並將他們分為3組。

❶相似組：在20個喜歡的形容詞中，有17個以上一致的受測者。
❷中立組：在20個喜歡的形容詞中，只有10個一致的受測者。
❸不相似組：在20個喜歡的形容詞中，只有3個詞彙一致的受測者。

之後，再請各個組別的受測者分別向同組的人提出小小請求，例如「閱讀自己寫的散文，並說出讀後感」，或者是「為了自己的組別，到某個地方把某個東西送過來」等等。

結果，請求得到允諾的成功率產生了很大的差異。

在❶相似組中，有77%的人願意聆聽組員的請求，並實際去做。然而，這在❷中立組卻下降到60%，在❸不相似組只有43%。

「喜歡相同的形容詞」只不過是很小的相似處和共通點，但比起「其他組員和自己不太像」的組別，認為「我們在某方面很像」的組別，其願意答應組員要求的機率卻高了將近2倍，差距相當驚人。

人會對和自己有某部分相似的人產生好感，容易受其影響，進而想要伸出援手，

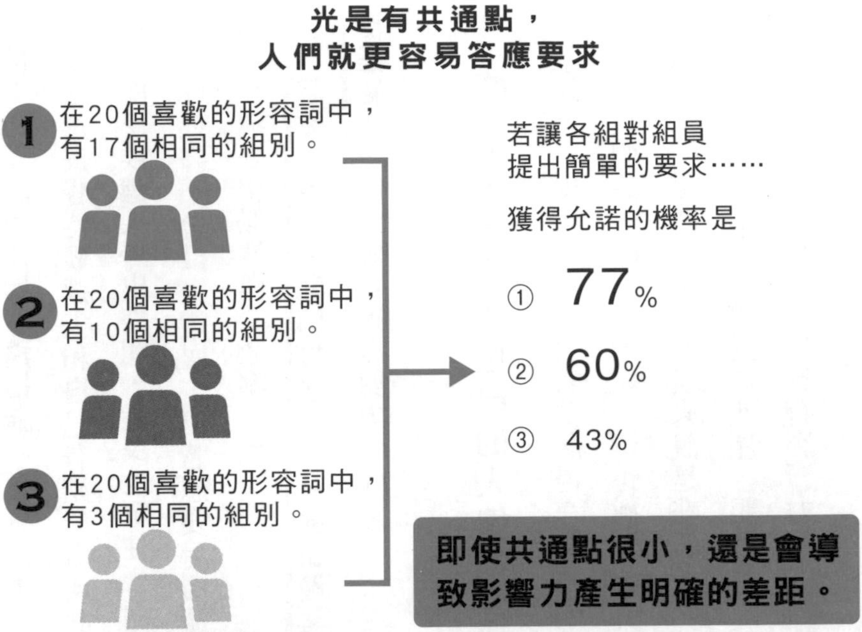
光是有共通點，
人們就更容易答應要求
1 在20個喜歡的形容詞中，有17個相同的組別。
2 在20個喜歡的形容詞中，有10個相同的組別。
3 在20個喜歡的形容詞中，有3個相同的組別。
若讓各組對組員提出簡單的要求……
獲得允諾的機率是
① 77%
② 60%
③ 43%
即使共通點很小，還是會導致影響力產生明確的差距。

實際幫助他。

舉例來說，在美國總統大選中，候選人會特地召集媒體記者，讓他們拍下自己在麥當勞吃漢堡、把支持者的寶寶抱在懷裡，或是戴著棒球帽前去支持當地球隊的畫面。

這些做法也是要強調相似性與共通點。

這種招式對於能看穿內情的選民來說沒用，但若透過媒體，讓看到這些畫面的觀眾認為：「這位候選人竟然和我一樣愛吃麥當勞，真是親民！」、「他疼愛孫子輩的心情和我一樣！」、「原來他熱愛棒球嗎？感覺好平易近人！」這樣就很夠了。

當選民覺得候選人和自己有相似處或共通點時，就會更積極地傾聽候選人的政見。即使候選人爆出醜聞，選民也會往正面方向解讀。

你或許不會投入選舉，但若想要對周遭的人發揮影響力，不妨在日常生活的溝通中強調「相似性與共通點」。

若你先使出「閒聊技法」與「強調優勢法」，然後再指出雙方的共通點，效果更是絕佳，能夠確實獲取對方信任。

○人會對委託自己的人懷抱好感

順便一提，我建議大家要記得在對話開頭就強調雙方的相似性與共通點。

「我們的嗜好一樣！」、「我們在這方面價值觀相同！」、「你的成長環境和我很像！」這些對話，一般來說是在有了某種程度的交情之後才會出現。

談得來的兩人若要對彼此產生親近感，如此對話十分重要。

然而，假如你想成為具有影響力的人，那又是另一回事了。

這種讓雙方得知彼此相似之處的對話越早出現越好，等到雙方打好關係才說就太遲了，是在浪費時間。

靠「閒聊技法」拉近距離，用「強調優勢法」指出對方的優點，並且把過程中感受到的雙方相似處或共通點說出來。

光是如此，他對你就會更有好感，願意聽你說話，更輕易答應你的要求。

除此之外，**人類還有一種心理，會對委託自己的人有好感**，因為人會將此解釋為「我是因為喜歡這個人，才對他好」。

換句話說，只要你先強調雙方之間有共通點，接著再要求對方幫忙，他就會越來越信任你。擅長請求別人幫助的人一定會成功。

如果你想在日常生活中善用這些原理，不妨如此組合：**先以「強調雙方之間的類似之處」來拉近距離，然後問對方：「我現在有某種困擾，可以請你給我一些意見嗎？」**

這是一種名叫**「尋求忠告」**（Advice seeking）的心理技巧。有資料顯示，銷售員在談生意時，光是在對話中加一句向客戶尋求忠告的話，某特定商品的成交率就從8％飆升到42％。

其背後隱藏的玄機，仍然是源自「我之所以對他好（給予建言），是因為我喜歡這個人」的心理。

先靠著「強調共通點」打下基礎，讓對方容易受你影響，然後再藉由「尋求忠告」讓他更喜歡你。**當你在這個前提下提出委託，就是最強的組合技。**對方將會在不知不覺中信任你，受到你很大的影響。

那些具有影響力的人之所以受到旁人喜愛和信賴，是因為他們了解「每當自己影響別人，別人就會對自己更有好感」的原理。

重點整理

在閒聊中自我揭露來縮短彼此距離，指出對方的優點，並且使其意識到彼此的相似之處，就能建立他對你的「信賴感」。

讓人感受到「相關性」的心理技巧

若要操縱人心，最簡單的方法是讓對方察覺他想要什麼，並告訴他如何得到。

因此，具有影響力者和別人交談時會設法激起對方內心的強烈欲望，因為**人這種生物，就是會在「想要」、「想知道」、「想學習」、「想嘗試」時採取行動**。

那麼，具有影響力者是怎麼激起別人心中的強烈欲望呢？

答案就是**「相關性」**這個關鍵字。他們會**讓人覺得「這件事和我有關」，藉此擴大自己的支持率**。

我身為讀心師，學了許多「相關性」的知識，並且加以實踐和練習，因此很擅長讓人覺得「這件事和我有關」。

舉例來說，有一種運動儀器叫做踏步機，它要價近8萬日幣，原本的販售目的是讓消費者在室內踏步或慢跑用的。這對許多人來說都不是生活必需品，而且還有更便宜的商品，因此一年之內賣不到幾百台。

然而，當我在上傳的影片中順便介紹這款踏步機，就有超過六百位觀眾買了它。

祕訣就在於接下來將要解說的**「強調相關性」**。

對於這款踏步機，我不只是把它當作運動器材，而是告訴大家：「用了這款儀器，血液循環就會變好，進而改善大腦功能，在居家辦公或閱讀時都能有效提高專注力。」

以原本的用途來說，我的受眾並不會想要買這個商品，但我成功喚起他們的興趣，促使他們覺得「這款商品和我有關」、「買了或許有用」。

這只是其中一個例子。如果你想對旁人發揮影響力，操縱他們的心，就要在思考自己想說什麼、想如何表達之前先發揮想像力：「該怎麼做，才能讓他們有意願按照我的想法去做呢？」

在你想要說服並驅使別人之前，先決條件是**你必須讓他覺得「這和我有關」**。

可是，多數人在和別人對話時，都會先從自己想說的開始說起，急著主張自己

靠「強調相關性」來放大你的影響力

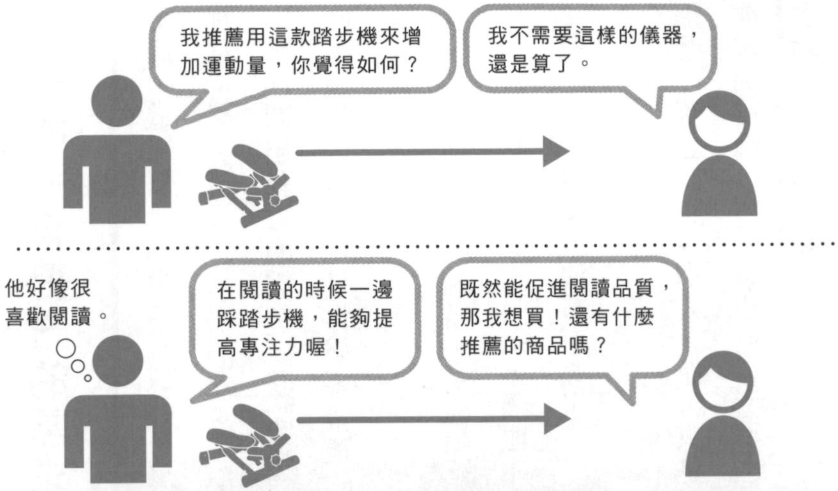
我推薦用這款踏步機來增加運動量，你覺得如何？
我不需要這樣的儀器，還是算了。
他好像很喜歡閱讀。
在閱讀的時候一邊踩踏步機，能夠提高專注力喔！
既然能促進閱讀品質，那我想買！還有什麼推薦的商品嗎？

營造對方和商品的「相關性」，會更有說服力。

的意見。

當一個人越是充滿熱情，這樣的傾向也就越強。

然而，若聆聽的一方不知道這話題和自己有什麼關係，無論說話者多麼熱情地談論，聽起來只會覺得痛苦。實際上，人腦的構造是「對沒興趣的話題不會留下長期記憶」。

因此，不管你多麼熱切地述說，只要沒有建立話題與聽者之間的相關性，終究只是白忙一場。如果你只是強迫推銷自己所相信的價值，影響力就發揮不出來。

一味迎合對方的需求，便無法掌握主導權

不過，這裡有一點是大家很容易搞錯的地方。

那就是誤以為「迎合對方的需求，交出他想要的東西，才是發揮影響力的捷徑」。如果你問出對方的需求，談論適合的話題，這樣做的確能夠贏得關注。但是，你此時所說的內容確定是你想要傳達的訊息嗎？你遷就對方需求和他對話，真的能發揮說服力嗎？

要是一味迎合別人的需求，你能給的就只是他想要的東西。說起來，「發揮影響力」的目的原本是要說服人，讓他如你所願才對，所以若你總是滿足對方的需求，只會當個好人，這樣就沒有意義了。

那麼，若想要主導別人，而不只是一味遷就他，該怎麼做才好呢？

欲達到目的，你必須在自己手握主導權的前提下**替對方「貼標籤」（Labeling），讓他主動接受你的影響力**。

舉例來說，如果你想要推廣某種學習方法，增加學生人數，吸引許多人購買你的著作，使用「我推薦的學習法，具有這麼好的效果」並不是最適合的表達方式。最好的方法，是在開頭提出：「你是不是正在煩惱唸書時缺乏專注力呢？心理學的研究顯示，只要嘗試某個方法，就能有效提高專注力！」

要訴說的內容並沒有偏離主軸，但**光是加入強調「相關性」的句子，稍微調整一下傳達方式，帶給聽者的印象就大不相同。**

擅不擅長「強調相關性」，將會左右「影響力」的有無

具有影響力的人很了解「強調相關性」的祕訣。

我在序章中提過，本書的主要內容是介紹「煽動大眾」的手法。然而，大部分的人看到「煽動大眾」這個詞彙，都會認為這和自己無關。

人們大都會心想：「我又沒有要從政。」、「感覺好可怕！」、「這只對

YouTuber 有用吧？」通常只有對群眾心理或陰謀論有興趣的領導人，或者是暗藏野心，想要操縱人群以達目的者，才會關注這些。

然而，你現在已經把第1章讀完了一大半。

這是因為，我在序章裡舉出下列例子的緣故。

- 明明找到了最好的解決方法，但頑固的上司卻不認可。
- 自己的努力得不到另一半認同。
- 狡猾的同事受到誇獎，身為無名英雄的自己卻未獲得好評。
- 被愛耍任性的男女朋友玩弄得團團轉。
- 手握大權的客戶態度反反覆覆，令人困擾。
- 遭受父母大力否定，經常窺探周圍人臉色，很痛苦。
- 受不了隨波逐流的自己。
- 想要引領群眾，卻無法改變自己。

我舉出這些具體的不滿，主張能解決以上問題的關鍵就在本書中，**強調了「相關性」**，讓你覺得「超影響力」對自己來說是個不可或缺的技能。

如上所示，在「煽動大眾」研究中獲得證實的手法，將會帶給聽者影響力和說服力。

無論對象是一個人、好幾位甚至幾十個人，只要學習煽動大眾的手法並加以應用，你就能發揮影響力和說服力。

這樣理解下來，你和「煽動大眾」之間就有了「相關性」。

- **這或許和我有關！**
- **這是人際交往和職場上的必備知識！**
- **學會了之後，或許就能解決煩惱！**

如上所述，只要聽者察覺和自己有相關性，就會感興趣，願意傾聽，並開始受到說話者的影響。你現在之所以一路讀到這裡，也是因為你心中發生了相同的變化。

因為和自己有關，所以想知道。「想知道」就會讓人採取行動。

搞懂這個原則之後，當你想要對某人發揮影響力時，肯定知道該怎麼做才有效果。

在你要向某人傳達什麼時，不必主張自己是對的，也不需要指出對方的錯誤，而是告訴他：**「我接下來要說的內容和你有關、也有這樣的用處喔。」**

「強調相關性」是支撐超影響力的要點。

重點整理

若迎合別人的需求，就只是交出對方想要的東西。順著對方關注的方向，使其覺得「這和自己有關」，他就會如你所願去做。

能讓任何人學會「強調相關性」的3個印象技巧

從這一節起，我將要傳授能夠順利「強調相關性」的3個印象技巧。

前兩個技巧的共通點是活用「社會認同」（Social proof）。

人類在根源上抱著「想要和旁人一樣」的欲望。各種社會心理學的研究已經證實，當人陷入未知的狀況時會觀察周遭的人，採取相同的行動。

這是人類為了生存，從史前時代就過著團體與社會生活的結果。我們出於本能，了解到模仿並遵從大多數人的行為有利於生存，即使到了複雜化的現代，仍然會受到許多人都在做的事情所影響。

舉例來說，發生災害時，即使明知危險，人們還是會衝向樓梯，導致發生推擠事故；新型冠狀病毒大爆發時，明明沒有因果關係，但大家還是瘋搶衛生紙；鬆餅店和手搖飲料店大排長龍、觀眾聽到綜藝節目中插入的罐頭笑聲也會跟著笑，這些都是「社會認同」所引發的。

1 告訴對方「這個意見的支持率很高」

- 因為很多人都這麼做，所以我也想跟著做。
- 因為很多人都這麼做，就一定不會錯。
- 因為很多人都這麼做，要是不照做的話，搞不好會吃虧。

如上所示，「社會認同」的力量很強大，就連我這種怪咖，在選購不常購買的商品種類時，也會先關注暢銷品；第一次去某個地方旅遊時，會想要拜訪所謂的「必朝聖景點」。

因為，**當人得知自己的選擇獲得多數人認同和支持時會感到安心**。

安心會促使人採取行動，例如有口皆碑的商品能夠借助「社會認同」的力量，進而長銷熱賣。

這樣的心理能夠應用在「強調相關性」上。

○人無法逃離「大家都這麼做」的影響力

那麼，「社會認同」最簡單的用法是什麼呢？答案是**告訴對方「這個意見的支持率很高」**。

舉個例子，假設你想在新人研習的場合上吸引參與者的關注，可以說：

「根據某家大型人力銀行的調查，對於『你是否曾在職場上遭遇人際困難』這個問題，有高達84%的人回答『是』。為什麼會這樣呢？要怎麼解決這個煩惱？我今天即將來探討這個問題。」

而當你想要說服伴侶戒菸時：

「我聽說，菸抽越凶的人，戒菸成功時的精神幸福度也越高。你健康檢查的報告有紅字對吧？我很擔心你，希望你戒菸。不過最後要怎麼做，還是你自己決定。」

再舉個例子，當你想要引導客戶的決策者積極談生意時：

「您知道嗎？在社群網站上，○○商品在10幾歲到20多歲網友之間的討論度極高喔！令人意外的是，他們的父母輩，也就是40～50多歲族群也對○○有很高的認知度。由於貴公司擁有許多40～50多歲的顧客，因此我們想要為中年族群推出從○○改良的商品，想向您提出企劃案。」

從以前到現在，儘管形式不太一樣，但新聞、雜誌、電視和網路仍然會介紹排行榜的前3名或前10名，因為即使時代在變，人仍然會關注廣受支持的作品、商品和時事。

人會對受歡迎的事物感興趣，想要確認其和自己的興趣、想法和購買行為是否有關。**若得知某個意見的支持率很高，就會開始思考是否應該跟隨**，因為「配合大家比較安全又安心」的心理將會啟動。

此外，當人們得知自己的興趣、想法和購買行為與高支持度的意見一致時，就

使出「社會認同」手法，更容易令人動搖

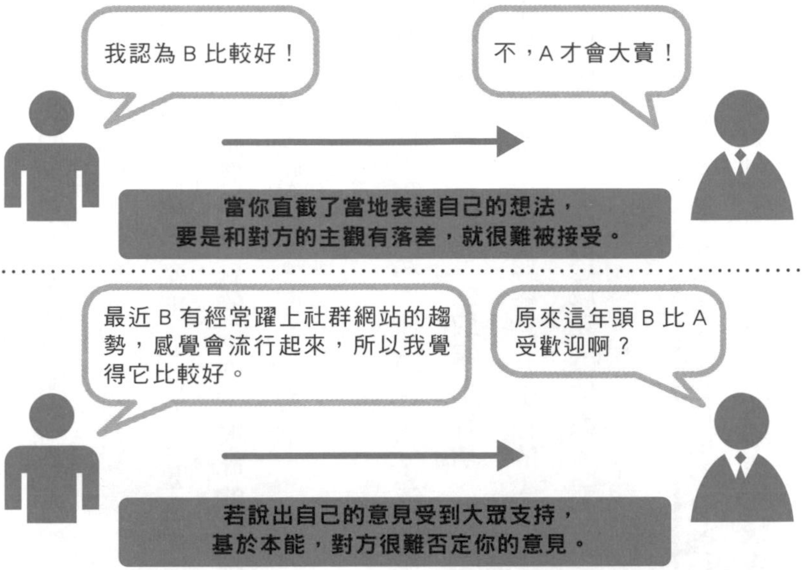
我認為 B 比較好！
不，A 才會大賣！
當你直截了當地表達自己的想法，
要是和對方的主觀有落差，就很難被接受。
最近 B 有經常躍上社群網站的趨勢，感覺會流行起來，所以我覺得它比較好。
原來這年頭 B 比 A 受歡迎啊？
若說出自己的意見受到大眾支持，
基於本能，對方很難否定你的意見。

彷彿打了一劑強心針，會更容易採取行動。

換句話說，**當你是發言的一方時，就要強調「我現在要說的內容已經獲得多數人支持」，這樣對聽者來說就是「強調相關性」**。

○當對方反駁時，正是強調相關性的大好機會

即使你說的內容對聽者來說難以接受，該對象仍會產生「想要反駁」的相關性。在這個前提

下，**若對方反駁，就是你發揮影響力的大好時機**。

但是，假如你正面和他爭論，說「你錯了」、「我才不這麼想」、「大家都支持我是有原因的」，這樣做並不恰當。

當對方說A，但你卻開始說B才是對的，如此雙方就無法達到共識，一旦演變成其中一方一定要爭到贏的局面，彼此的心理距離就會拉遠，使你難以發揮影響力。

請勿直接反駁回應，而是先接納。

「原來如此，你認為A比較好啊？我的確也聽過支持A的聲浪。在〇〇，A比較受歡迎，於商業上取得了成功。

不過，我遇過好幾個認為B很棒的人。你聽過B嗎？在××，B更受歡迎，B才是在商業上獲得成功的要素。」

要訣在於，不要把B當作自己的意見強迫推銷，而是說出「有人支持B」，並且徵求對方的意見。如此一來，他就會比較A和B，並開始研究。

使出「社會認同」就能影響對方，讓他的思考朝著你想要的方向前進。

在這裡，倘若你說「不，我才不這麼想，因為○×和×○的數據顯示B比較好」將會招致反感。這樣雖然也能影響對方的思考，但要是讓他反感，演變成雙方對立的局面，就無法如你所願說動他。

首先要接納對方的意見，在此前提上告訴他：「如同A受到眾多支持一樣，也有許多人很重視B。您怎麼看B和它的支持者呢？」

所謂的超影響力，就是要在不讓別人察覺你企圖的情況下說動他。

印象技巧

2 添加「微出眾」的要素

○ 人都想從眾，但又想稍微出眾

在「社會認同」上添加「微出眾」的要素，也能強調相關性。

用「廣受支持」、「獲得歷史證明」、「獲得科學實驗證實」、「名人推薦」

來傳達「這個意見的支持率很高」，聽者就會安心，願意踏出一步。

這裡要介紹的第2個技巧「微出眾」能夠強調「相關性」，是促使對方行動的臨門一腳。

舉例來說，假如你去鞋店買運動鞋，店員推薦你試穿現在最暢銷的款式，你覺得鞋子的設計不差，價格也算公道，有點興趣，但就是無法下定決心購買。

這時，若換成你是店員的話，要怎麼再補上臨門一腳呢？若要推有點興趣但還在猶豫的客人一把，使用「微出眾要素」很有效。

「這款熱銷商品還有另一個不同設計的款式，我拿出來給您看。它的鞋底部分使用強調色，從側面看上去的印象大不相同。」
「這款是最暢銷商品的另一個版本，從機能性來說也很推薦。它穿起來很輕巧，我自己也有帶一雙。」

如上所述，向顧客提出加分的要素。

符合「社會認同」，但又與眾不同

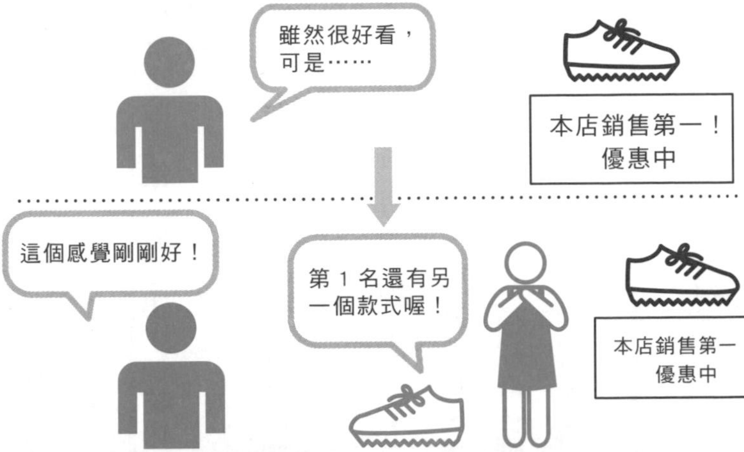

雖然很好看，可是……
本店銷售第一！優惠中
這個感覺剛剛好！
第 1 名還有另一個款式喔！
本店銷售第一！優惠中

先確定是無可非議的選擇，再多些獨創性，人們便難以抵擋。

顧客得知商品廣受好評會產生安心感，若再加上「微出眾」要素，購買意願就會提高。

這是因為我們內心有著優越感。**人在想要從眾的同時，也想要「稍微出眾」**。

知名品牌的聯名商品與限時、限量的商品之所以受歡迎，就是因為它會激起人們的這種欲望。因為是廣受喜愛的知名品牌，但又和別人擁有的商品不完全相同，所以會產生新的價值。

除了購物之外，這種心理在求學時期和出了社會之後，也會驅使人們想要成為全班第一或出人頭地。

和大家一樣會感到安心，但還想要有那麼一點不一樣——只要刺激人類這種可悲的特性，就能進一步強調相關性。

因此，**我建議大家把第1個技巧「這個意見廣受支持」和第2個技巧「微出眾」合併使用**。

先使出具有強大力量的「社會認同」來讓人安心，接著提出「微出眾要素」，將對方誘導到你想要的方向。對方得知「支持率高」時心裡會有踏實感，還會認為具有獨創性的元素和自己有關，願意傾聽。

換句話說，「大家都支持」能夠激起對方的興趣並製造安心感，而「微出眾要素」則會撩撥優越感，成為驅使他採取行動的臨門一腳。

那些具有強大影響力的人都了解這個原理，並且有意識地加以運用。

3 揭露目標

○當目標確定，人就能安心採取行動

能夠「強調相關性」的第3個技巧是**「揭露目標」**。

若職場的考績標準不明確，員工的幸福度就會下降。此外，倘若談戀愛或同居時不討論共同未來，就會在某個時間點喪失在一起的意義。

然而，當籌劃要去旅行，即使不知道目的地，只要打著「神祕之旅」的名目，除了感到些微不安，其實同時湧現的是興奮期待感。

人在日常生活中的各種場合，都要確知特定的目標，才知道自己明確該做什麼，能夠放心行動。

除了「支持率高」和「微出眾」之外，還可以再用上「揭露目標」這一招來提高你對別人的影響力，因為「得知目標為何」能夠進一步強調話題內容與聽者的相關性。

不過，**若要讓這個原理充分發揮作用，目標對聽者而言就要充滿吸引力**。那麼，要揭露什麼樣的目標，才能強調相關性，在背後推對方一把呢？

亞利桑那州立大學（Arizona State University）的戈登斯坦博士（Noah J. Goldstein）曾提出「普世目標」（Universal goal）的概念可做為參考。這是他研究了兩百多篇關於「社會影響力」的文獻所分析出來的結果。

○讓人自己動起來的3個目標設定

「普世目標」能影響聽者，並根據它帶來的原動力分成下列3種。在解說如何用它來強調相關性之前，我先來簡單介紹這3種目標。

目標設定1　隸屬目標

請大家把「隸屬目標」（Affiliation goal）的「隸屬」，想成是「**隸屬**於某個團體」的意思。

人們希望自己的行為、思考和信念和大多數人一致。**無論是多麼特立獨行的人，內心某處仍然想要當社會的一分子，有著和別人共享相同行為、思考和信念的欲望。**

以PIKO太郎的《PPAP》為例，它之所以在全球聲名大噪，其開端是小賈斯汀在推特分享了那支影片。結果，那些「因為小賈斯汀說有趣，所以我也覺得有趣」的人就動員起來，將《PPAP》爆發式地擴散出去。

讓許多人把影片擴散出去的動力，就是「隸屬目標」。

「想要打進知名藝人的圈子」促使他們採取了行動。

不過，**並非只有名人才能利用這股力量**。

「你想不想追求『時間自由』的價值觀呢？」

「你想不想學習新的工作術，藉此加快效率呢？」

「你是不是覺得『會賺錢』才是王道呢？」

假若你像這樣**設定某個能吸引許多人的「隸屬目標」，並且向他們喊話，你也能聚集「想要隸屬這個圈子」的人，對身邊的社群發揮影響力**。

因為，每個人都想要和別人一樣，擁有相同的行為、思考和信念。

目標設定2 精確目標

「精確目標」（Accuracy goal）的「Accuracy」是指**「正確性」**。

人會為自己的行為追求正確性，希望自己正在做對的事、正在追求許多人贊同的目標，按照計畫進行。

「中肯的言論」之所以容易在網路上瘋傳，也是因為很多人會出於直覺，支持正確的見解或糾錯的言論。

「精確目標」便是要滿足這種「追求正確性」的欲望。

「只要捐款一百日圓，就能拯救5個人的命。」
「為了減少銀髮族引發的不幸事故，要積極繳回駕照！」
「包括門票和口罩在內，我們要抵制那些高價轉賣圖利的黃牛！」

像這樣設定某個許多人都認同的目標，聽到的人內心會產生一種暢快感，並且了解到「按照精確目標去做，就能得到許多人的支持」，於是行動力就會增強。

正在打選戰的政治人物，會巧妙運用這個「精確目標」。

一個簡單易懂的例子是美國總統大選。前總統川普在二〇一六年的大選中高喊

「讓美國再次偉大」（Make America Great Again），其「美國就應該偉大」、「讓偉大的美國復甦」的概念，獲得許多選民支持。

對選民來說，自己的國家變偉大是一件很棒的事，他們會覺得為此投入選舉是正確的行為。

順便一提，更前一屆的總統歐巴馬，其競選口號則是「Yes We Can」。**讓人感覺到正確性的口號會發揮「精確目標」的功能，引發不小的潮流**。

目標設定3　正面自我概念目標

「正面自我概念目標」（Positive self-concept goal）是指**人有「想要保持一貫性」的欲望**。

這種心理稱為「一貫性原理」，人們很重視自己做的抉擇、決策和感到有趣的事物，因為他們想要相信自己能聰明選擇，正確判斷，行事有意義，**將來也想要貫徹自己做的決定**。

有個證實此種心理的知名實驗。

研究團隊的成員前去拜訪一般家庭，自稱是交通安全志工，向住戶提出「在院子裡設置交通安全告示牌」的要求。

可是，告示牌的尺寸大到會破壞院子的景觀，設計也不好看，沒有人想把它設置在自家院子裡。想當然耳，當研究人員第一次提出請求時，住戶答應的機率只有17％。

接著，研究人員根據「一貫性原理」，如此向住戶提議：

「我們正在尋找願意協助交通安全志工的家庭，請問可以把這張貼紙貼在你們家的某個地方嗎？」並發放寫了交通安全標語的小貼紙。

經過兩週後，研究人員再次拜訪收下貼紙的住戶，要求「讓我們在府上設置交通安全宣導告示牌」，結果對方答應的機率爆增到75％。

這是因為「正面自我概念」發揮了作用。

曾收下小貼紙，對交通安全表示贊同的人為了貫徹自己的選擇和意志，連要設置醜醜的大告示牌都接受了。

瞄準人們想要保持「一貫性」的心理，答應的機率就會提高

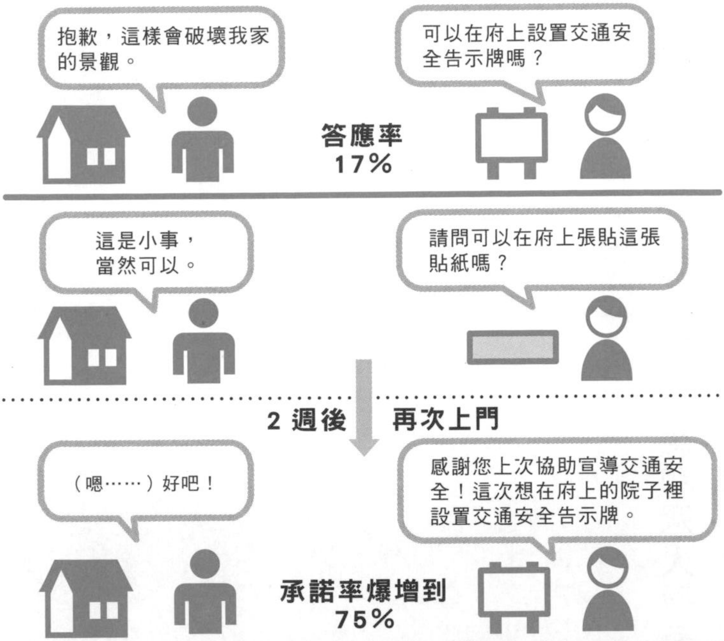

抱歉，這樣會破壞我家的景觀。
可以在府上設置交通安全告示牌嗎？
答應率 17%
這是小事，當然可以。
請問可以在府上張貼這張貼紙嗎？
2 週後
再次上門
（嗯……）好吧！
感謝您上次協助宣導交通安全！這次想在府上的院子裡設置交通安全告示牌。
承諾率爆增到 75%

與其劈頭就提出高難度的要求，不如先以類似的小要求取得同意，然後再提出更大的請求，這樣對方比較能聽得進去。

其實，當你用「支持率高」和「微出眾」來強調相關性，而對方也採取行動時，「正面自我概念」就已經開始發揮作用了。

接著，身為發話者的你可以再稱讚對方的正面自我概念，例如「你這種一貫的態度很棒」、「像你這樣貫徹始終，會博得

很多人的信賴」。

光是如此，對方就會更深刻地受你影響，因為「保持一貫」能鞏固他的自信。

重點整理

強調相關性時，

若能激起對方「想和眾人擁有相同行為模式、思考和信念」的欲望，效果絕佳。

打好「信賴感」和「相關性」的基礎，再前往下一步

- 當內容相同，人會選擇聽信自己信賴的對象。
- 當內容相同，人只會在覺得「事情和自己有關」時感興趣。

在第1章，我探討了「影響力」的根基，亦即「信賴感」和「相關性」這兩個原則，並解說如何才能有效率地博得別人信任，讓對方覺得你說的內容和他有關。

接下來，我在第2章將傳授的是無論一對一或一對多都能操縱他人潛意識的方法，而第3章則會介紹驅使別人行動的技巧。

不過，**第2章起所要介紹的方法和技巧若希望奏效，前提是要先打下第1章的「信賴感」與「相關性」的基礎**。

請你先參考「博得信賴感的3個步驟」和「強調相關性的3個印象技巧」，從改變和別人之間的溝通方式做起。

吸收到的知識要實踐才有意義。

若要培養操縱人心的「超影響力」，即使只是小事也好，你必須多多累積影響別人的經驗。

實踐得到的知識之後，無論成功或失敗都是收穫，這將會持續培養你終有一天成為能夠被人信賴的發話者。

2

章

讓人留下記憶，操縱其潛意識的5個方法

你是不是以為「講道理能夠說服人」？

關於說服力和影響力，許多人都有一些誤解。

- 只要說盡好話，有禮相待，對方就會理解。
- 只要說話有條有理並回答問題，別人就一定會信服。
- 只要很了解，就能解釋得淺顯易懂。

在上述例子中，很常見到「講道理就能說服人」的觀念。表面上，這個社會的確是靠道理和邏輯在運作。

例如，當菜鳥在製作文件時出錯，身為老鳥的你只要當場指出錯誤，用淺顯易懂的方式教導，他就會乖乖地修改文件。

再舉個例子，當你買到有瑕疵的新品，只要聯絡客服人員，對方就會協助退換貨或幫忙修理。

然而，**在這些情境下，講道理之所以能夠說服人，是因為職場和商場上有最基本的規範**。

因為菜鳥和客服人員各有各的職責，所以只要你有正當的理由，就能說動他們。

然而，當人們暫時卸下工作職責，遇到與真心話互相衝突或利害關係不一致的狀況時，即使你講道理也無法說服他們，因為**情感和主觀會凌駕道理**。

當你面對的是已經建立「信賴感」和「相關性」的對象時，這一點仍然不變。

那麼，想要操縱人心的發話者，應該採用什麼方法才好呢？

第2章的關鍵字是「操縱潛意識」，我將要解說的方法，無論在一對一或一對多的場合，都能提高你的說服力和影響力。

既然人的判斷會受到「情感」和「主觀」左右，那麼你不妨搶先一步，把對方的「情感」和「主觀」塗改成你想要的方向。

擅長操縱人心者懂得操縱潛意識

無論是一對一的面對面溝通，還是演講、做簡報等一對多的情境，若要發揮你的說服力和影響力，最適合的方法是操縱對方的潛意識。

- 「請你這樣做。一定會順利！」
- 「這樣子才能得到好結果！」
- 「我是為你好！」
- 「那麼，我就來解釋原因。」

即使你的意見是對的，但別人聽到這麼直接的措辭會反感，想要反駁，心想「你要負責嗎」、「我想自己做決定」、「你還真臭屁」等等。

因此，若要說服並影響別人，就要讓他認為「是我自己決定（選擇）的」。

換句話說，**當你發動別人的潛意識，促使對方往你想要的方向行動時，你就必**

須讓他以為「這是我自己的選擇」。

我們的大腦會把下意識做出的選擇當作「自己的選擇」，即使這個選擇其實是受到某人的影響，或者是做了選擇之後導致不良後果，仍然會因為是自己選的而接受。

為什麼會有這種心理呢？

在這裡，我要舉出**「BYAF法」**為例，這在我從前的著作和影片中也提過，它是心理學上最有效的說服術之一。

「BYAF」是「But You Are Free」的縮寫，中文意思是「但要怎麼做取決於你」。

美國西伊利諾大學（Western Illinois University）的研究團隊彙整了有關說服力的42篇高品質文獻，針對約兩萬兩千人的資料進行整合分析（Meta-Analysis，科學論文中精確度最高的研究方法），找出了**最能提高說服力的神奇關鍵句，就是「但要怎麼做取決於你」**。

使用方式如下：

在餐廳點餐時……

「今天的推薦特餐是魚料理，您要點這一道嗎？」

要約男女朋友去約會時……

「明天要不要去○○？不過，當然由你決定。」

在職場上向主管提企劃案時……

「這裡有方案A和方案B，根據調查，方案B的評價比較好，請問您怎麼看？」

在西伊利諾大學的研究中，只要先說出想說服別人的內容，並且在最後加上一句「But You Are Free」（由你決定），**對方如你所願說「好」的機率就會翻倍**。

關鍵在於，**要用「由你決定」來尊重對方的意願，並且在提問中偷渡自己的要求**。

用於中文時，我們不一定要照搬「由你決定」這句話，也可以說「隨便你」、「你喜歡就好」或「你認為呢」等等，只要把決定權交給對方就沒問題。

人具有一種特性，會想要嘗試在尊重個人選擇自由的前提下所提出的選項。

當我們聽到「如果你能幫我〇〇的話，我會很高興，但還有××選項，任你選擇」，不管實際上會不會真的去做〇〇，至少會想像一下自己去做〇〇的情況。

讓對方如此想像，會對後續的「自我選擇」產生很大的影響。

當本人相信這是自己做的決定，他就會體認到「這個決定很重要」。

「BYAF法」之所以會發揮強大的說服效果，是因為它能喚起對方的想像力，操縱其潛意識，讓本人強烈感受到「這是我自己的決定」。

接下來要介紹的方法，原理和「BYAF法」相同，能夠操縱人心。**這些方法特別重視「讓別人的潛意識聚焦在你要說的話」。**

若這些技巧用得好，對方就會在不知不覺中認定你傳達的訊息是重要選項，誤以為是自己做出了選擇，並且從他自己行動之後得到的結果中找出價值。

「我們無法教導別人，只能幫助他自己察覺。」

這是天文學之父伽利略留給學生的話。擅長操縱人心者，等同於擅長操縱潛意識。

重點整理

「操縱潛意識」就是讓對方相信他是自主做出決定，促使他如你所願地行動。

技巧 1

靠「睡眠者效應」深入對方的潛意識

在研究影響別人的方法時，一定會提到「睡眠者效應」（Sleeper effect）所發揮的心理效果。

它是指**衝擊力很大的內容留在對方的記憶裡，促使他下意識朝著說話者期望的方向採取行動**。

舉個例子，假設多年不見的老同學突然聯絡你，說「有個投資方法可以賺回3倍的錢」。

你當下心想怎麼可能有那麼好康的事，找藉口結束話題，但「3倍」的衝擊力仍然留在你腦海裡。

之後，若你遇到需要錢的情況，例如年終獎金比想像中還少，或者是子女要就

效果會慢慢出現的「睡眠者效應」

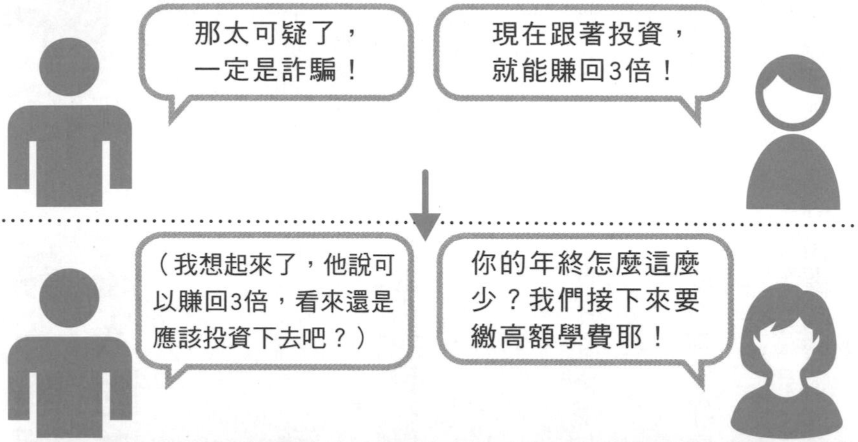

現在跟著投資，就能賺回3倍！
那太可疑了，一定是詐騙！
你的年終怎麼這麼少？我們接下來要繳高額學費耶！
（我想起來了，他說可以賺回3倍，看來還是應該投資下去吧？）

即使一開始聽到的資訊令人懷疑，但過了一段時間之後，人就只會記得對自己有利的部分，進而被說服。

讀私立學校，就會想起老同學說的投資門路，進而主動和他聯絡。

這就是「睡眠者效應」的例子之一，**隨著時間過去，人的抗拒感和疑心會減弱，只剩下當初受到的衝擊力留在腦海，為此心動**。

根據研究，烙印在潛意識中的話語影響力很大，該資訊會花半年到一年的時間滲透到潛意識中，最終受到影響而採取行動。

然而，「睡眠者效應」若要發揮影響力，就必須滿足兩個條件。

二〇〇五年，耶魯大學的研究團隊收集多達七百件與「睡眠者效應」有關的資料，並進行統合分析，調查「睡眠者效應」會在什麼情況下發揮功效，於是得知了下列要介紹的2個條件。

提高「睡眠者效應」的條件1　衝擊力要夠大

第1個條件是「一開始的衝擊力要夠大」。

這點和對方贊不贊成你說的內容無關，只要在一開始讓人留下深刻印象，就能深入他的潛意識。

無論在商業場合或日常生活中，我們為了不讓別人對自己留下極端的印象，會從無傷大雅的意見開始說起。但是，那些好聽話或左耳進右耳出的話題，只是在那當下聽起來很愉快，卻無法細水長流地發揮影響力。

在國民已對於與納粹德國的戰爭感到精疲力盡時，英國首相邱吉爾為了鼓舞人心，在演講時說出：「絕不屈服，絕不！絕不！絕不！」（Never give in. Never give in. Never, never, never, never）這種強烈的用詞會帶來很大的震撼力，發揮「睡眠者效應」。

即使你的意見或提議對聽者來說難以接受，但烙印在心上的話語仍然會滲透到潛意識中，有時甚至會在半年至一年後化為實際行動。

順便一提，邱吉爾的那句話，出自他在母校哈羅中學（Harrow School）畢業典禮上的致詞。

一九四一年，納粹德國持續發動空襲，戰局益發嚴峻。這時，身為知名演說家的邱吉爾首相說：「無論大事小事，無論是偉大還是卑微的事，只要是你基於名譽和良知的信念所不允許之事，就絕對不可屈服。」他這番話透過媒體傳播，帶給國民強大的震撼力。

後來，包括英國在內的聯合國於一九四四年解放了在德軍占領下的巴黎，隔年德國無條件投降。由此可知，邱吉爾的那番話衝擊影響了國民，造就歷史上的浪潮。

「睡眠者效應」不僅能用於領導者與國民這種架構龐大的關係，當然也能用來

讓職場的人際關係更圓滑，在說服客戶、使家人達成共識、吸引心儀異性注意等場合發揮強大的影響力。

無論是說話，或書寫電子郵件與企劃書等文章時，各位讀者都要記得在「開頭」帶來夠大的震撼力。

提高「睡眠者效應」的條件2　事後發現資訊來源的可靠性

第2個條件是**「事後發現資訊來源的可靠性」**。

當人在一開始受到強烈震撼，**事後又看到可信度很高的補充資訊，或是得知連權威人士也贊同的話，就能提升「睡眠者效應」**。

舉例來說，當某人從昔日同窗口中聽到投資話題時，原本懷疑地心想：「投資黃金？真可疑！感覺手續很麻煩，而且黃金價格波動也沒那麼大吧？」但半年後在經濟雜誌上看到「金融危機發生時，黃金價格將會上漲」的報導，發覺原來同學所言不假，就會改變想法。

當最初受到的震撼力還留在潛意識中，若能在此時接觸到從背後推他一把的資訊，「睡眠者效應」就會啟動，讓人迅速改變心意。

我從前曾有這樣的經驗，且讓我舉出來做為實例說明。

在某個聚餐場合上，同桌的友人問我：「我最近想要開始經營高級化妝品的生意，你看如何？」我直截了當地回答：「有研究結果顯示，絕大部分的化妝品都沒有科學效果。」

結果，對方露骨地表現出不悅，皺著眉頭向我解釋他想經營的高級化妝品功效。我便回答：「乳液多少有保溼效果，但有科學根據證明化妝水完全沒有意義，這樣的生意很像是詐騙。」

因為是在聚餐場合，因此其他同桌友人幫忙打圓場，這個話題就結束了。

據說那位朋友很生氣，但似乎也受到很大的衝擊，在事後調查了他想販賣的商品以及一般化妝品的效果，結果接連查到「無效」的研究結果，於是又來找我商量。

「雖然科學證實無效，但我希望在此前提下極力降低成本，做出大家都想購買的商品，你有沒有好點子？」

由此可見，資訊來源的權威性使「睡眠者效應」發揮了作用，但我沒有意願製作無效的產品，因此鄭重回絕了。

不要看對方的臉色和氣氛，而是直接提出具有震撼力的主張

若你想要發動別人的潛意識，就要重視說話或文章「開頭」的震撼力。這是為了引導對方，讓他事後想要查證資訊的真偽。

若對方贊成你的意見，應該會開心地蒐集相關訊息。在這個隨時都能上網的時代，他會針對你說的關鍵字去搜尋能證實你所說內容的資料。

當對方贊成你的意見，「彩色浴效應」（Color bath effect）就會發動，導致他只注意有利的資訊，越查下去就越肯定受到震撼的自己，於是「睡眠者效應」的力量就擴大了。

強烈的震撼力能夠有效引導對方自己查證

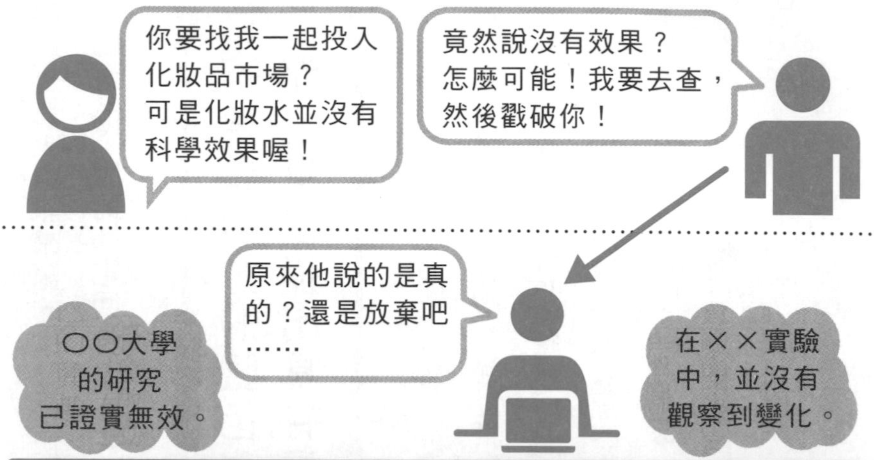
你要找我一起投入化妝品市場？可是化妝水並沒有科學效果喔！
竟然說沒有效果？怎麼可能！我要去查，然後戳破你！
原來他說的是真的？還是放棄吧……
○○大學的研究已證實無效。
在××實驗中，並沒有觀察到變化。

當你的主張有資料來源可佐證時，若刻意用容易留下印象的方法傳達，聽者就會自己查證，進而證實你的正當性，因此容易被說服。

另一方面，即使對方與你給的資訊持相反意見，也會出於「我要戳破你的謊言」、「我要找出能用來反駁的資料」等動機，進一步主動蒐集相關資訊。

因此，若你說的內容正確，當對方在查證過程中找到可信度很高的補充資訊，或是發現具有權威性的贊同意見，他的心就會動搖。

換句話說，**不要看聽者的臉色和氣氛，直接表明具有震撼力的正確意見和主張，才能發揮「睡眠者效應」，是影響潛意識的最佳方法。**

「睡眠者效應」還有另一個優點，那就是：**發動潛意識，甚至能夠改變個人基於信念和性格所懷抱的堅持**。

舉例來說，當你想要改變男女朋友的觀念或上司的工作方法時，用直球方式來說服也不太管用，反而會喚起對方的「心理抗拒」（Psychological reactance，為了找回被限制的自由，而採取具有攻擊性的應對方式）。

我們會出於本能想要自己選擇怎麼做，一旦感覺到別人意圖干涉，即使是有利的提議，也會沒來由地想要反抗。

而且，曾一度強烈抗拒的人會變得更加頑固，就連你想要加以改變的部分都會更加冥頑不靈。

「睡眠者效應」能在不激起反彈的情況下，改變個人的信念和堅持。

重點整理

根據網路上能夠找到佐證的資訊，
用具有強烈震撼力的方式提出主張，
就更容易在隔了一段時間後說服別人。

技巧

2 透過「重複」來潛入人的記憶，恣意加以操縱

第2個方法是**「重複」，這能讓你發出的訊息烙印在聽者的記憶中，影響他的潛意識，驅使他往你所想的方向前進**。若把這一招和「睡眠者效應」合併使用，你就能發揮更強大的影響力。你要提起勇氣，一而再、再而三地重複你想傳遞的主題。

二〇一〇年，倫敦大學的學者檢視了過去約三百篇與「影響力」和「說服力」有關的文獻，彙整出要影響他人所需的條件，「重複」就是其中一個。目前已知，**只要討論次數越多，人無論贊成或者是反對，都會受到該意見的影響**。

在當面對話時，只要不斷重複，說話者就能對聽者帶來更大的影響力……聽到這裡，你應該會覺得這很理所當然。

然而，這種「理所當然」是我們從經驗中自然而然學到的，若要培養超影響力，就必須理解個中原理。

那麼，為什麼重複次數越多，影響力就越大呢？原因之一在於**「重複曝光效應」**（Mere exposure effect）。

人類的心思很不可思議，對於接觸過很多次的人或資訊，我們會對其產生好感，受到它的影響。

經常上電視的藝人就是個例子。

一開始，我們對他的關注程度只有「原來還有這個藝人存在」，但若在不同的節目、廣告或新聞上多次看到，就會逐漸對他的發言或行為舉止感興趣。當關注的眼光擴散到大眾之間，該藝人就會成名。

在網路上廣傳的假訊息也是個例子。

當人們第一次看到假訊息時，會懷疑地心想「吃高麗菜就能退燒？騙人的吧？」、「有儀器可以用電磁波引發地震？真的假的？」但若好幾次看到同樣的訊息，或者是看到平常交流的網友說「有效」或「我相信」，就會覺得那是真的，進而成為假訊息的散播者。

「重複」會造成「重複曝光效應」，其厲害之處在於它不僅會讓人逐漸喜歡上印象好的對象，**就連討厭或抗拒的話題，只要反覆接觸到好幾次，對它的印象也會逐漸好轉**。

一般來說，許多日本人都很重視禮節，往往覺得同一件事說很多次對人很失禮，也認為只要說一次，對方應該就會了解，但我要請大家丟棄這個常識。

當你試圖說服並影響某人時，不要只說一、兩次，而是應該「重複」三到四次。

重複時多點變化，次數越多越好

儘管如此，若想要影響或說服別人，並不是只要一直重複就好。雖然光是重複也能得到一定的效果，但要提高成效是有訣竅的。

人稱「廣告教父」的大衛・奧格威（David Ogilvy）曾經如此分析：**「打廣告或宣傳時，要是不讓消費者接觸3次以上，他們就不會購買。然而，當人們看到同樣的廣告5次以上，就會產生『好煩』、『好膩』的負面印象。」**

反覆打廣告具有很大的意義，但若太過火就會有反效果……這乍看之下很矛盾。

以不同方式重複，就能帶給受眾好印象

最近經常在YouTube看到這個保健食品的廣告，有夠煩的，八成沒效！
老是在同一個通路使用相同的呈現手法，消費者會很容易厭倦，也往往惹人討厭。
在大眾運輸上刊登廣告的保健食品，是之前在YouTube看到的產品啊！
→ 這個在電視上也有賣，應該不是可疑的東西吧？
→ 原來公司的某某同事也在吃這個啊？說不定大家都在吃，只是我不知道而已……
若想要擴大某項人事物的影響，就要藉由多種管道，用不同的呈現方式來反覆放送，人們會比較容易接受。

不過，奧格威的分析還有後續，他建議：**「要以不同的呈現方式和形式，反覆地打同一個廣告和傳遞訊息。」**

最初是在電視廣告上看到某樣商品，接著在車站或大眾運輸的海報上看到，之後同款商品又出現在平時總會閱讀的新聞網站廣告裡……以這種形式接觸3次，我們的認知將會出現下列變化。

當我們看到電視廣告時，還未意識到自己是否有注意到那款商品，但看到車站的海報時，我們就會發覺「啊，是那個電視廣告的商品」；若後續又在網路上看到廣告，就會覺得：「這裡也有啊？似乎是不錯的東西！」

在這之後，若消費者還在綜藝節目上看到名人也在使用該款商品，接著上網搜尋，參考過使用者評價之後，便真的掏錢購買……這才是達到廣告效益的理想流程。只要改變呈現方式或媒體，即使消費者接觸同一種商品的廣告5次以上，也不會出現負面反應。

舉例來說，你是不是也看過以下廣告標語呢？

「再好的朋友也不會告訴你——預防口臭，就用李施德霖。」

沒錯，就是那個含在嘴裡漱漱口，就能消除口臭的李施德霖。

如果你對它有印象，那麼你就算是受到「重複」所影響的消費者之一。

因為，這個廣告標語最初用於一九二二年的促銷活動，而它後來也反覆使用能夠彰顯預防口臭功效的同類標語，所以你有印象是理所當然，但前面介紹的廣告標語卻是一百年前的東西。

此外，社會心理學家威爾森（John Wilson）曾做過關於說服率的研究，它也證明了「重複」的功效。該實驗調查了「在虛擬法庭上，要重複提出有罪的證據幾次才能說服陪審員」，結果是，**重複3次的說服率是46%，重複10次的說服率則上升到86%**。

不過，在這項實驗當中，反覆10次提出證據時，每次都會改變呈現方式、切入角度和素材。

換句話說，我們要鼓起勇氣，反覆傳遞想要訴說的主題，而且重複時要每次都加入些變化，這樣才會更有效果。

即使該項資訊是假的，只要能成功引人注目，反覆述說三、四次，甚至會發生「真相錯覺效應」（Illusion of truth effect）。

它是一種群眾心理，是指人會在反覆接觸假訊息的過程中逐漸以為它是事實。

「重複」就是具有連社會都能撼動的力量。

若要發揮說服力和影響力，將聽者引導至你想要的方向，「重複」是很能奏效的方法。**要點在於，如何在不讓別人厭倦或抗拒的情況下，讓他多次接觸到相同資訊**。

在這裡，我就來介紹能夠和「重複」搭配的兩個要素，亦即「比喻」和「故事」。

「重複」的輔助技巧1 比喻

要描述面積時，媒體經常會拿「相當於幾個東京巨蛋」來比喻。

實際上，大部分的人都不知道東京巨蛋究竟是幾公頃大，但即使如此，這種比喻法還是能給人「既然相當於好幾個棒球場，那應該就是很寬闊吧」的印象。

若拿許多人都能想像的簡單事物來比擬，聽者自然就會去想像具體的樣貌和狀況。

這就是「比喻」所擁有的力量。

刺激聽者的想像力能讓他在短時間內理解說話者的主張，更願意接受或產生共鳴。

舉例來說，一般人聽到「日本政府負債一千一百兆日幣」通常會因金額太大而難以想像，但若如此說明會如何呢？

「如今日本的負債，就相當於月薪30萬日幣的人除了薪水以外，還要再貸款20萬，過著每個月都要花上50萬日幣的生活。」

若用生活化的例子來比喻，不僅能夠具體傳達債台高築的情況，還讓聽者也體會到危機感，了解到在不久的未來就會還不起負債，經濟也會周轉不過來。

如上所述，善加運用比喻的訣竅在於，**選用聽者熟知的詞彙來取代難懂的話題**。

某項實驗曾研究「比喻」在交涉場合的成效，結果證實了「比喻」讓人點頭說「YES」的機率將會提高，因為它能讓說話內容更淺顯易懂。

實際上，我自己也會反覆練習，為的是在人前說話時能夠有效地加入好懂的比喻。只要看了我拍攝的影片，就會發現無論我闡述什麼內容，都一定會多次反覆比喻。

在準備簡單易懂的比喻時，大家要記得下面這三個切入點：

❶ 如果是自己要用，會派上什麼用場？

「舉例來說，如果是我，我會……」如此具體想像自己會採取的行動，藉此舉例。

如果連自己都無法清楚想像的話，你的舉例就難以傳達給別人。

② 如果要向小學生解釋，你會怎麼說明呢？

把要說的內容精簡，並簡明扼要地傳達。愛因斯坦曾留下這句名言：「如果你無法解釋得讓六歲小孩聽懂，那表示你自己也不明白。」簡化有助於理解內容，因而能夠增加說服力。

③ 如果要讓人噗哧一笑，你會怎麼表達？

幽默感能夠降低人的戒心，一起大笑的經驗會一口氣提升彼此的親密度。我之所以在影片中加入演技很爛的小劇場和模仿秀，也是為了縮短和觀看者的距離，幫助他們更深入理解。

如果你正在煩惱「實在想不到好的比喻」，請你參考以上這3個切入點，預先準備好幾個可用的例子。

要在說話途中即興舉出多個例子是個高難度的挑戰，若能在事前預想到今天要說什麼，並且連要夾雜其中的比喻也一起準備好，就不會緊張了。

如果你有很多個不同種類的比喻，只要將它們互相組合，自然就能做到「重複」。

「重複」的輔助技巧2 故事

美國賓州大學（The University of Pennsylvania）的教授約拿・博格（Jonah Berger）曾回顧過去和「流行」有關的文獻，研究社會風潮席捲的過程，他說：「故事就宛如一艘傳遞實用資訊的船。」

這是因為，**我們的大腦原本就具有容易理解、記憶故事的性質**。

舉例來說，當你剛看完一本漫畫、一部電影或動畫，如果有人請你介紹一下它的故事和登場人物，或是問你對哪幾幕或哪句台詞最有印象，你會答不出來嗎？

只要你不是在嚴重睡眠不足時閱讀，也沒有看到一半睡著，你應該有辦法說明故事大綱和主要登場人物，也能描述自己喜歡哪個場景、被哪些台詞打動。

然而，若你看的是商管書、實用書或學術書籍，或者是上了高難度的課程、聽了一場很專業的簡報，這時如果有人要你說明它們的內容，你很可能辦不到。

這是因為，相較於前者是容易記憶的故事，後者含有大量資訊，必須以自己的方式整理、改變呈現方式和描述順序，當下會來不及加以處理。

此外，博格教授還指出：「人傾向於從留在記憶中的資訊找出價值，認為那是應該推廣給許多人知道的資訊。」

對於包裝成一個故事，而且容易記憶的資訊，我們會覺得它有價值。因此，你對別人說話時，**要記得把內容包裝成一個故事，並且採用「重複」的手法**。如此一來，你想傳達的訊息能留在聽者記憶中的機率將會大幅提高。

那麼，要如何將想說的內容編造成故事呢？原則上，許多故事的結構都是**「高潮、低潮、再高潮」**，例如：

- 一對男女相遇，兩人在遇到阻礙、面臨分手危機後，得以互相確認彼此的情意，迎來歡喜大結局。

打動人心的故事要「高潮、低潮、再高潮」

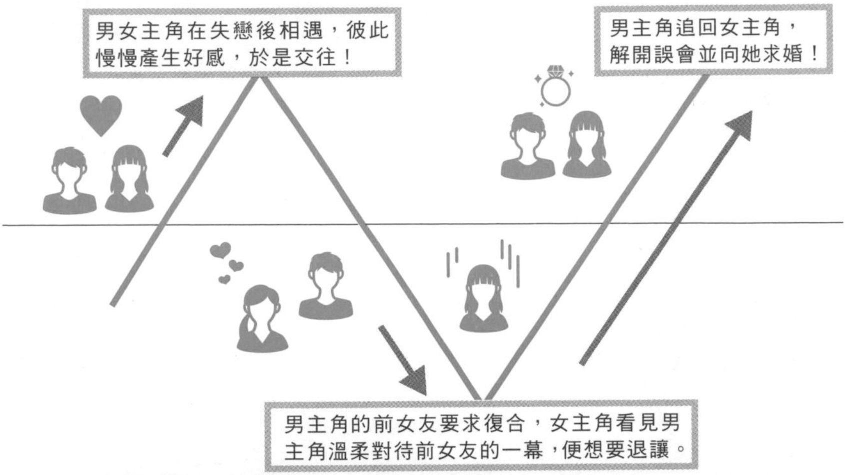
男女主角在失戀後相遇，彼此慢慢產生好感，於是交往！
男主角追回女主角，解開誤會並向她求婚！
男主角的前女友要求復合，女主角看見男主角溫柔對待前女友的一幕，便想要退讓。

在說「故事」時，要有「高潮、低潮、再高潮」的情節起伏，藉此撼動聽者的情感，如此會更容易留下印象和記憶。

- 前途在望的年輕銀行員嶄露頭角，卻被捲入公司內部的人事暗鬥，面臨危機。最後，他運用超影響力，成功加倍奉還。
- 主角遇見個性溫和的外星生物，並發展出友情。然而，政府和瘋狂科學家從中作梗，友情面臨被撕裂危機。儘管如此，在主角和外星生物並肩合作下，得以阻止最糟糕的情況發生。

上述例子全都是爆紅作品的故事情節，大家應該都猜得到是什麼，而它們的結構都是「高潮、低潮、再高潮」。也就是說，只要你在說話、寫電子郵件、擬定企劃書或做簡報時採用相同的結構，具有故事性質的敘述方式一下子就能完成。

重點整理

運用比喻和故事，
並透過好幾個不同的管道重複傳遞訊息，
會更容易打動人。

技巧

3 利用「權威」帶來震撼力

人類抵擋不住「權威」的力量，會在不知不覺中受到它的影響。

舉例來說，當你和心儀對象初次約會，或者是首次和新的合作對象見面商討時，只要將會面地點選在大飯店，再熟門熟路地帶領對方到飯店裡的高級咖啡廳，你就能在心理上取得優勢。

當你已經在某個領域成名或成功，只要邀請對方到你的辦公室或研究室，或是你經常消費的高級店家，就能讓交涉或會談如你預期地開始。

人為什麼對權威沒有抵抗力並且常受到很大的影響呢？這是因為**大腦會盡量節省要消耗的能量，具有在進行認知、判斷和思考時抄捷徑的性質**。

因為用頭腦思考太麻煩，所以人的大腦可說很容易被「標籤」所欺騙。

換句話說，當人受到「權威」影響就會停止思考，認為「既然是權威說的話，應該可信」、「大家都認同他是權威，所以他是對的」、「照做就不會有問題」。

因此，只要塑造出「照做會很輕鬆」的效果，就能對人施加影響力。

「權威」便是製造這種效果的方法之一。

有個技巧能夠輕而易舉地給人權威感，**名叫「轉移法」（Transfer），亦即利用人物、場所的權威性或形象**。

我先前提過約在大飯店見面的例子，它正是「轉移法」的一種，而「頂尖運動員愛用」、「豐臣秀吉的〇〇」等等，也是刻意和名人或偉人攀關係。

當你想要發揮說服力或影響力時，這種手法能借用已有權威性之地點或人物的力量，而且其效果已經在歷史上獲得證實。

綜觀歷史，那些發揮龐大影響力的政治家和政治宣傳家（Propagandist），可說一定會在教會大聖堂或國會議事堂等權威性廣受認可的場地進行演說。

例如，歷屆美國總統都會在聯邦眾議院前舉行就職演說。**他們在做施政報告時，也會提到名留美國歷史的軼事、介紹歷屆總統的豐功偉業，或者是引用許多人民從小就讀過的聖經詞句，並且「重複」自己想要傳遞的關鍵口號**。

例如，前總統川普就是重複「使美國再次偉大」，前總統歐巴馬則是一再強調「改變」（Change），藉此贏得聽眾的喝采。如此巧妙地使用「轉移法」，聽到的人便在不知不覺中受到地點的權威性所影響，並從演講內容中感受到大於平時的震撼力和說服力。

「轉移法」的效力不僅能用於政治人物身上，各家企業或媒體也會應用這個手法。例如，近幾年以電動車等事業創下優異成績的特斯拉（Tesla），其公司名稱就是來自偉大的電機工程師兼發明家尼古拉・特斯拉（Nikola Tesla）。即使特斯拉公司和這位發明家並沒有直接的關聯，但它仍然藉此塑造了獨創、革新的品牌形象。

即使知道是捏造的，人還是抵擋不了權威

古希臘哲學家亞里斯多德曾留下這樣的記述：

「比起普通人，當偉人說的是同一件事時，我們會輕易地更深信不疑。無論討論的是什麼話題或問題，這一點都是普遍的真理。當意見分歧而無從確定時，這一點更是絕對的真理。」

不愧是西元前三〇〇年的偉大哲學家，他的洞察力直指人類的本質。多年後，許多科學研究都為亞里斯多德這番話背書，證實了人類究竟受到「權威」多大的影響。

以下我要說的話很直接，可能會讓你反感，但**你心中有著想要和權威站在同一陣線的願望**，而我當然也是，只是我心目中的「權威」可能和一般人有落差就是了……。

話題回到「轉移法」。食品外包裝上之所以印著「榮獲國際品質標章（Monde Selection）金獎」，知名老店之所以打著「日本皇室御用」、「創業於享保元年（一七一六年）」，貓食打著「頂尖飼育員推薦」等口號，可說都是想要和「權威」扯上關係所營造的效果。

順便一提，國際品質標章是由據點位於比利時的團體來評鑑，製造商只需要負擔約15萬日幣的評鑑費用。而且，在報名評鑑的商品當中，約有90%的產品可獲得

即使是可識破的權威，效果依然卓著

榮獲
最高品質
金獎
No.1
RANKING
創業於享保元年
豐臣秀吉
最愛的……
日本皇室御用
（反正八成是靠權威來包裝……）
可是，我又不想在沒沒無聞的商品上踩雷，還是買這個好了！

人不太敢嘗試沒有任何保障的新商品，所以即使「轉移法」昭然若揭，最終還是會選擇有人掛保證的商品。

銅獎、銀獎、金獎和特級金獎其中之一。

基於這樣的背景，人們都說這是個只要花錢就能得到的獎，也有媒體報導過這個評選機制，已經有很多人知道。

這樣一來，即使外包裝上寫著「榮獲國際品質標章」，「轉移法」也會失去效用吧——你是不是這樣想呢？可是，這個標章至今仍然對商品的銷售量有所貢獻。

原因在於，即使是個狐假虎威的權威，仍然**能夠緩和我們心中對於「嘗試新商品」的抗拒感**。

人們在接收到新資訊時會感到不安，會希望能有一些材料來幫助判斷，例如跟著周遭的人去做、看看是否有權威掛保證，或者是歷史上有沒有能夠背書的可靠資料。

尤其是日本人，我們的「從眾壓力」特別大，例如不敢在會議上獨自提出反對意見、覺得既然是一家人就要合群、當大家都在防疫期間自我約束時也不敢放肆。我們會認為，**既然許多人都在做某一件事，或是某個人事物廣受信賴就一定有它的理由，那肯定是一件好事或安全的事**。

因此，「轉移法」才會有效。

運用生活中的權威去除對新事物的抗拒

在職場和日常生活中，當我們要傳達嶄新的意見時，很適合運用「轉移法」。

- 想讓新的企劃案在會議上通過。
- 想讓上司接受能改善工作效率的方案。

●想說服另一半同意購買新的家電產品。

史無前例的企劃案、要改變既有做法的改善方案，或是想要購買家裡從來沒用過的電器種類，都會讓聽到提議的人感到不安。

因為他們會抗拒新事物，也就是「維持現狀的偏見」（Status quo bias）在背後運作。

因此，我們要借助權威的力量。

「這個企劃案在我們公司史無前例，但同款商品在歐美的亞馬遜網站打進該類別的暢銷排行榜，甚至還能找熟悉國外資訊的網路名人幫忙宣傳，可以請您認真考慮嗎？」

「我之所以會想出這次的改善方案，其實是因為最近重讀了我在菜鳥時期主管所推薦的《豐田改善術》的書。90年代的書裡有好多放到現在也通用的好點子，我採用了其中能應用在我們職場上的部分。」

「你喜歡的那位藝人，之前在電視上說他在孩子出生後買了掃地機器人，還大讚它超級方便。我們家也買一台好不好？」

在「轉移法」中，即使不引用偉人的名言或歷史建築等大家都熟知的權威，**只是援引在小圈圈裡獲得高度評價的權威，仍然能夠發揮效果**。

你要觀察聽者心目中的「權威」是什麼，並且巧妙地將它加入話題中。若與對方熟知的人物、書籍或業界連結，就能夠在不知不覺中降低他對新事物的抗拒感，新意見獲得採納的機率將會提高。

以成為小小權威者為目標，正確地自誇

要運用「權威」來影響別人時，最理想的是**讓你自己成為受人尊敬的權威**。然而，個人若要成為受到許多人認可的權威，一路上可是險境重重。

儘管如此，我們還是有辦法讓自己化身為小團體裡的小小權威者。這裡所說的

小團體，包括職場部門、包含客戶在內的工作圈、同好會或家庭等等。

為此，**我們必須適度自我表現，誇耀自己的實績和實力**。不過，我想你應該已經從經驗中體會到：通常聽了會開心的就只有子女的自誇而已，若聽的是非親非故的人誇耀自己，就只會感到痛苦。

也就是說，若想要成功地適度展現自己，成為團體中的小小權威者，就**必須做到自誇也不惹人厭**。

那麼，該怎麼做才能誇耀自己的實績和能力，又不讓周遭的人反感呢？美國密西根大學（University of Michigan）在二〇一五年發表的文獻評論可以做為參考。

研究團隊審查了過去30年所發表的「自誇」研究，調查何種自誇方式不會惹人嫌，而且還能傳達當事人的厲害之處，最後歸納出下列這3個方法。

正確的自誇方法1　趁人不專心時自誇

第1個方法是**選在對方並不專心聆聽時自誇**。

密西根大學的研究團隊請受測者擔任面試官，並將他們分成兩組來進行模擬面試。

第一組的面試官很專心聆聽應徵者自我介紹，第二組的面試官則是一邊忙著做其他事，例如用電腦製作資料，有閒暇時才聆聽應徵者說話。

結果，專心聽應徵者說話的第一組面試官，產生了「應徵者牛皮吹得很大，不可信」的印象。相較之下，第二組則是覺得每個應徵者都彬彬有禮，值得尊敬。

當人在很專注的狀態下聽到別人誇耀自己，即使那有確切的實績可供證明，人還是會用否定的態度看待，留下對方彷彿在說謊的印象。

然而，**若是一邊做其他事情、一邊聆聽，對於別人的自我誇耀，人就只會記住優點的部分。**

因此，當你想要展現自己的能力和實績時，要好好確認對方當下的狀態。

當對方正專注於手邊的業務、正在絞盡腦汁發想新點子、或者是正在看資料影片時，你可以和他閒聊：「我以前曾經拿出某某成果，但這次遇到的問題還真棘手啊！」若無其事地在閒聊中混進自誇的話。

訣竅在於，不要只是自誇，而是要在結束話題前，讓話題回到對方正在專心處

理的業務上。這樣做，類似「睡眠者效應」的力量就會發動，對方將會正面看待你的自誇。

若要自誇，就選在別人一心多用的時候吧！

正確的自誇方法2　讓第三者誇獎自己

第2個方法是，**經由第三者口中說出你的優點和好的一面**。

這意思不是要你安排「暗樁」，而是請交情好的同事在會議上說句：「關於這件事，〇〇（你）的經驗很豐富喔！之前和××的交涉，就是他搞定的！」或者是，請朋友在聯誼時這麼吐嘈：「你這傢伙個性好，喜歡小孩，工作也很認真，竟然沒有女朋友，實在太奇怪了！是說，到底為什麼？」

當你想讓關鍵人物對你留下好印象時，經由第三者口中說出對你的稱讚會很有效。

對於傳進自己耳中的資訊，**比起從當事人口中聽說，我們傾向透過第三者得知更有可信度，這種心理稱為「溫莎效應」（Windsor Effect）**，就是它在背後支撐「口碑行銷」（Word of Mouth Marketing，WOMM）。

不過，你想誇耀的事全部都從第三者口中說出來會顯得不自然，所以不妨請第三者做球給你，例如：「〇〇，你也說說看你的意見吧？」、「主管想要更多判斷依據，你怎麼看？」

老王賣瓜會惹人嫌，但若由第三者做球給你，而你也順勢回答的話，就能自然地說出口。

順便一提，我從以前就經常實踐這個方法，但並不是每次都有會幫我做球的朋友在場。因此，我會使用一種技巧，當場製造出負責誇獎我的第三者。

方法很簡單，**只要你先誇獎周遭的人即可**。

若傳聞中「是幹練精英的客戶」在聚餐場合上，你可以這樣說：「我聽說，〇〇靠著獨門的簡報技術，獨攬了許多大型企劃案，為公司帶來好幾億的利潤，是個厲害角色！」

對方受到誇獎不僅會感到愉悅，還一定會誇獎你，因為**「相互性規範」**會發揮作用，這是指人受惠於別人時，會出於本能想要回報些什麼。總而言之，**人際關係**

是先付出的人賺到。

只要誇獎周遭的人，馬上就能製造出會誇獎你的第三者，而且，**這個方法的好處是沒有人會因此受害**。

讀到這裡，你可能會覺得這種方法是在耍心機，但請你想像一下自己先受到稱讚的情景，不僅不會感到不悅，應該還會很開心吧？

你會心想「他好了解我！」、「竟然特地在大家面前誇我，我好高興！」在這之後，還會想要回報對方。

於是，在一旁聽到你們這番對話的關鍵人物就會確實對你留下好印象，讓你能夠順利建立權威。

正確的自誇方法3　和過去的自己比較

第3個方法是**「彰顯自己的進步」**。

像下列這種和別人比較以彰顯自己優越性的說話方式，可說是最讓人討厭的自誇方法。

●「我比某人更會賺錢！」
●「我比某人忙多了！」
●「我工作能力比某人更好！」

抓來比自己差勁的比較對象，藉此自誇是最糟糕的做法。

此外，認為自己手上戴的手錶、用來代步的車和身上穿的衣服比別人高級，這種態度也會惹人討厭。

儘管如此，若有個比較對象能讓你彰顯自己的優越性，那是再好不過了。因此，密西根大學研究團隊的建議是「彰顯自己的進步」。

「剛創業時，我甚至要縮衣節食才勉強付得起員工的薪水，但現在我還能多給他們獎金，真的是鬆了一口氣！」

「我的工作時數和以前差不多，但我負責的工作量比以前更多，感覺產能稍微變好了！」

自誇時不和別人比較

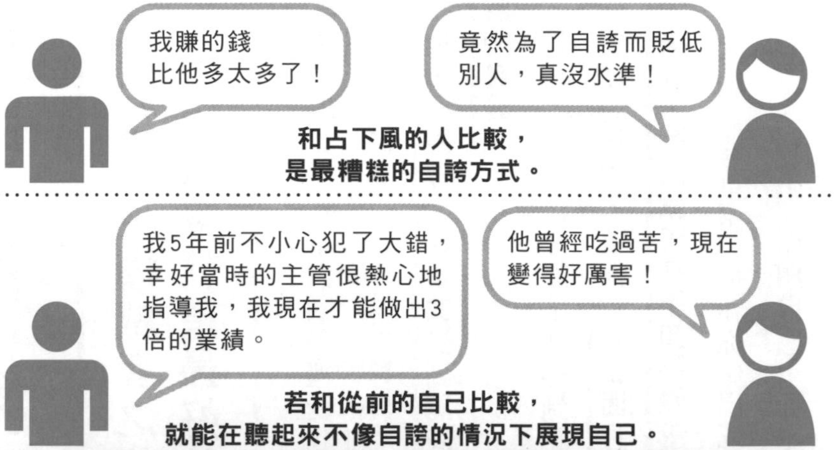
我賺的錢
比他多太多了！
竟然為了自誇而貶低
別人，真沒水準！
和占下風的人比較，
是最糟糕的自誇方式。
我5年前不小心犯了大錯，
幸好當時的主管很熱心地
指導我，我現在才能做出3
倍的業績。
他曾經吃過苦，現在
變得好厲害！
若和從前的自己比較，
就能在聽起來不像自誇的情況下展現自己。

不和別人比較，而是和過去的自己比較，
如此就能傳達出自己的成長，也更容易包裝成故事。

「多虧了主管的指導，我覺得自己在工作上和5年前比起來變得更熟練了！」

如此和過去的自己比較，就能凸顯自己的進步。研究已經證實，這種自誇方式會提高別人對自己的好感度。

此外，除了傳達自己哪裡改進了之外，還可以多描述自己遇到什麼困難，如何克服並走到今天這一步的故事，最後再以感謝旁人的話作結，這樣會更有效果。

大家要記住這兩點：**「自誇**

時，要和過去的自己比較」，以及「要講述故事，並不忘感謝」。

成為小小權威者之後，做出成果就是最好的彰顯自我法

如果你的實力在某個圈子裡受到認同，已經成為旁人都會聽你發言的小小權威者，就沒必要再多花時間老王賣瓜。

因為，已經做出成績並受到認同的人，只要再拿出新的成果，就是一種不會惹人反感的自誇。

一旦你的權威性在圈子裡得到認可，你的鶴立雞群之處也將會幫助你的其他面向獲得更好的評價，這稱為**「正面月暈效應」**（Positive halo effect）。**只要不犯下太大的失誤，旁人就會在不知不覺中被你的話說服，不斷受你影響**。

雖然沉默並非是金，但在你做出成果的期間，就先把自誇和自我彰顯封印起來吧！

假若旁人要求你彰顯自己，你不妨聊聊自己下一步想要完成的目標，這有助於

凸顯你的上進心和探求心，旁人對你的評價會更高。

若你想要放大自己未來在圈子裡的影響力，就要運用上述介紹的3個方法，努力巧妙地自誇與彰顯自己。因為**自誇能讓周遭的人感受到你的可能性，對你有所期待，具有博得關注的效果**。當你在大家都關注你時做出成果，評價就會提升。

如此累積起來，周遭的人就會在無意中逐漸認同你是個小小權威者。還沒有做出成果的人要誇耀和彰顯自己，至於已經有一定實績，已受到認同的人，則要為了拿出下一個成果而努力。

重點整理

一開始先使出「轉移法」，借用權威的力量來凸顯自己並累進實績，藉此讓自己成為權威者。

技巧

4 用「注意力控制法」來集中對方的潛意識

想要集中別人的潛意識，促使他專心聽你說話時，**「注意力控制法」**（Attention control）便能派上用場。

舉例來說，那些人們眼中很會演講的經營家、政治家和政治宣傳家都很了解「沉默」的重要性。當主持人介紹他們出場，他們上台後會站在麥克風前面，但不會馬上開始發言。

持續十幾秒的沉默會讓原本吵雜的會場氣氛變得緊張起來，聽眾會好奇發生什麼事，同時把目光轉向台上。在這個時間點，演說已經成功了一半。

相反地，在新興宗教的傳教活動會場、多層次傳銷的銷售會，或是自我啟發講座的報名說明會等場合，其目的在於降低出席者的注意力和判斷力，因此會調高室溫，讓人群密集，並且大聲播放音樂。

用過多資訊慢慢擾亂參加者的注意力和判斷力之後，接著由台上的人發出強力的訊息，引導人們加入會員或購買。

以上兩個都是「注意力控制法」的代表例子，**能夠操控聽者的潛意識，提高說話者的說服力和影響力**。

假設你想要達到下列目的並說服對方的話，就要盡量製造出只有兩人在場，能夠專心對話的情境。

- 身為上司（老鳥），要把工作的意義告訴部下（菜鳥）。
- 想和另一半認真討論將來。
- 身為父母，希望孩子了解自己的價值觀。

要訣在於，要盡可能排除會分散注意力的因素。

手機要收進抽屜裡；假如窗外有行人經過，就拉上窗簾；室溫要調整到不冷也不熱的舒適溫度；關掉電視和收音機，使周遭沒有多餘的聲音，才能在安靜的環境下好好和對方溝通。

這樣一來，對方將會在不知不覺中專心聽你說話，努力深入理解你說的內容。

假如你平時就在煩惱「我明明很認真說話，卻總是傳達不出去」，**不妨檢查一下你說話時的環境**，當下或許有會讓聽者分心的因素，導致對方看似在聆聽，但其實左耳進右耳出。若你講了好幾次，對方都充耳不聞，在感到沮喪並放棄溝通之前，不妨先嘗試一下「注意力控制法」。

極簡主義者會減少自己周遭多餘的物品，藉此掌控自我專注力。同樣地，打造能讓人專心聆聽的環境，也是想要提高影響力所必學的技巧。

抓準日子、時間、地點和飲品，更能讓對方接受

當你希望別人好好聽你說話，深入理解並採取下個行動時，用上述介紹的「注意力控制法」來打造極簡環境會很有效。

此外，如果可以的話，要連開口的時機都抓得到位。

想讓對方專注時，事前要整頓環境

若事先考慮到時機、地點和室溫，確保外界環境不會令人分心，就能讓對方更認真聽自己說話。

假如你希望在對方具有判斷力和專注力的情況下聽你說，最好抓準用完餐30分鐘以後的時間，因為此時血糖上升，血流會往大腦集中，專注力變高。

例如，當你要給職場菜鳥真摯的忠告，就要選在吃完午餐，稍微走走促進消化之後，盡可能找個安靜的地方，讓他手上拿杯熱咖啡之類的飲品，用溫和的語氣對他開口。

順便一提，我之所以建議你讓對方喝熱飲，是因為熱飲透過口腔和手指傳遞的溫度能讓人對你留下更好的印象。根據加州大學聖地牙哥分校（University of California, San Diego）的研究，**手上拿著冷飲會讓人關注交談對象的缺點；相反地，若是感到溫熱，就會留下更多正面印象**，很不可思議。

此外，人類的專注力會起起伏伏。**以週末放假的上班族來說，一週內專注力最低的日子是星期一早上，最高時則是星期五晚上**。原因很簡單，因為即將迎來假期會讓人從工作壓力中獲得解放。

這樣一想，若要給職場菜鳥一番認真的忠告，星期五的午餐時間後可說是最佳時機。

如上所述，即使要傳遞的內容相同，內容對聽者的滲透度仍然會因為環境而大相逕庭。若要撼動別人的潛意識，提高自己的影響力，除了要重視說話內容之外，還必須注意周遭環境。

若非得說些不想說的話，就要分散對方的注意力

「注意力控制法」也能應用在分散注意力上。

若你要說的內容很符合邏輯，集中聽者的注意力會比較有說服力，但當你說的話反邏輯或吐嘈點很多時，反而會讓人厭惡或心生懷疑。

舉個例子，假設你要做簡報、向上司報告，或是要在日常生活中說服別人，但內容沒什麼可靠數據和科學根據，希望對方別留意那些漏洞，只接受結論就好，換句話說，就是希望聽者忽略那些你缺乏自信的論點。

這時，只要巧妙運用「注意力控制法」就能辦到。

訣竅是刻意分散聽者的注意力。前面提過，在某些目標是降低參與者注意力和判斷力的集會上，主辦單位會調高室溫，讓人群密集，並播放吵雜的音樂，打造這種讓人分心的環境會很有效。

舉例來說，當上司要你對職場菜鳥訓話，讓你不得不扮黑臉，事後還得向上司報告自己是否做到時，若重點在於「要製造約菜鳥出來聊聊的事實」，地點就要盡量選在喧騰的店家，帶著後輩一起前往。

在掛著紅燈籠的復古居酒屋喝著低酒精飲料，一邊告訴菜鳥哪裡應該改善，一邊互吐苦水，再補一句「你好好加油」。在這樣的環境下，菜鳥的注意力會散漫，不會留下你曾告誡他的壞印象。

而且，只要你不表現出極端惹人厭的態度，「重複曝光效應」就會發動，菜鳥對你的好感度反而還會上升。至於你，還可以如此對上司報告：「我花了2個小時說服他。」

關鍵在於，要分散聽者的注意力。

- 做簡報時，講到論點薄弱處就調暗燈光，利用投影機映出照片或圖表。
- 向上司報告時不選在私人空間，而是公共辦公區，並刻意挑選上司很忙的時段報告。

只要運用「注意力控制法」，除了能夠強調你最希望聽者留下印象的論點之外，也能反過來讓人忽略你不希望他發現的部分。

用負面資訊喚起對方注意，再以正面資訊讓他接受

我再解說另一個「注意力控制法」的使用方式。

這個方法不是要改變溝通環境，而是希望你留意話題的先後順序，藉此引人注意。

倫敦大學評鑑了過去約三百篇有關「影響力」和「說服力」的文獻，綜合研究欲帶給他人影響力所需要的元素，發現**「要表達同一件事時，比起負面資訊，強調正面資訊更能讓人接受」**。

然而，某項調查情緒傳播力的研究卻證實，**負面情緒的傳播力是正面情緒的6～7倍**。當正面資訊和負面資訊並列時，人們比較容易著眼於負面資訊。

- 正面資訊比較能讓人接受。
- 負面資訊比較能引人注意。

這兩點乍看之下很矛盾。

那麼，該怎麼運用倫敦大學的這項研究成果呢？

關鍵在於，**先以負面資訊引人注意，然後再用正面資訊讓他接受**。

「你的做事方法或許有些過時，但請你放心，如同流行會變動一樣，踏實的做事方式，總有一天一定會被尊為經典並受到好評。」

「有5個禁忌詞絕對不可以在找結婚對象時說出口，但你平常會不會掛在嘴上呢？那些詞彙會讓對方的心瞬間冷掉，但其實只要了解為什麼不可以說，就能夠大幅扭轉你給人的印象。」

「當我虧損五千萬圓時，原本決定再也不玩股票，但現在我的心境有了很大的轉變，因為我察覺不是投資股票不好，而是自己投資的方法不對。今天，我就來談談我蒙受虧損的慘痛經驗，以及我學到的投資方法。」

在開頭加入負面視角的訊息能夠吸引人。先讓對方好奇，再透過提問來激起他的共鳴。

這樣一來，聽者會湧現不安的情緒，你就趁這時提出令人安心的積極解決法，告訴他「你現在已經知道了，不必擔心」。

用負面資訊吸引人，再以正面資訊說服人

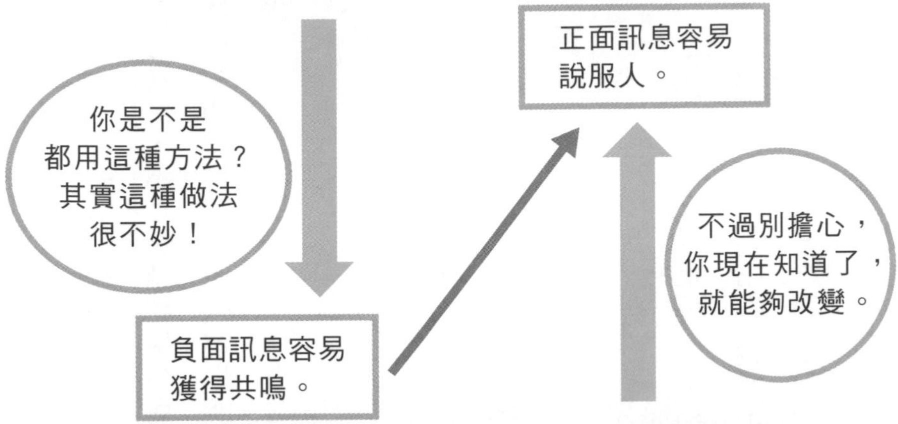
正面訊息容易說服人。
你是不是都用這種方法？其實這種做法很不妙！
不過別擔心，你現在知道了，就能夠改變。
負面訊息容易獲得共鳴。

先用負面資訊引人注意，再提出正面的解決方式，聽者會更容易動心。

希特勒演說內容的基本結構也是如此。

先說「德國人民如今處於艱困的狀況」，指出悲觀的現狀來取得共鳴和關注，最後再說出「我們是優秀的民族，所以要付諸行動，邁向光明未來」，讓聽眾看到樂觀的展望，藉此說動他們。

以比較生活化的例子來說，命理師的話術也是這種結構。

「你再這樣下去會沒命！」、「你現在這樣是不可能結婚的。」、「你是不是正在考慮換工作？」算命師會先用悲觀的敘述讓來算命的

人緊張，接著才話鋒一轉，說出「你接下來運氣會變好」、「只要注意這件事，就會遇到對象」，把話題轉為樂觀。

要點在於，不要讓話題持續烏雲密布，一定要在中途轉為積極正向。只要記得這種結構，即使是同樣的內容也能大幅扭轉印象，讓人留下強烈記憶，操控聽者的潛意識。

重點整理

若想說服人，就要整頓環境，並利用內容的正負起伏來吸引注意。若情況對自己不利，就要集結令人分心的因素。

技巧 5

配合對象和場合，分別使用不同的「音調」和「語氣」

操縱潛意識的最後一個技巧是「音調」和「語氣」。

因為，**人們在聽別人說話時不僅會受到內容影響，還會受到說話者的外表、音調和語氣影響**。

眼前這個人說的話可信嗎？是否值得一聽？特別是在演說前半段和對話剛開始時，要判定其內容好壞很困難。因此，**在剛開口時，說話者的音調和語氣是很重要的判斷材料**。

有一項研究能夠為此一事實背書。

二〇一六年，美國伊利諾大學（University of Illinois）調查了「如何才能讓別人贊同自己的意見」，召募一百九十一名男女進行下列實驗。

研究人員問所有受測者：「假如要去月球旅行，你認為應該帶什麼以防萬一呢？」請所有人思考自己的答案和理由，然後再互相討論。

這時，研究團隊關注的地方是下列兩點：

1 當受測者提出自己的主張，能夠在多大程度上獲得贊同？

2 他們的主張之所以得到贊同，是內容、還是音調和語氣所導致的？

為了研究關聯性，研究團隊全程側錄受測者討論的情況，並且用聲音軟體來分析參與者的音調和語氣變化。

換言之，就是問受測者類似「如果只能帶一項物品到無人島」的問題，再請他們發表自己的意見，並研究音調和語氣是否會影響說服力。

以這種條件來說，一般人都會認為，要帶哪樣東西的構想和理由比較重要，和說服力有很大的關係。

大家會認為，若能活用「月球之旅」這種很不現實的情境設定，選出一個令人認同又具有幽默感的物品，其他受測者的接受度會比較高，相較之下就不會注意說明時的音調和語氣。

然而，實驗結果顯示，若說話者在第1個詞到第3個詞之間壓低音調和語氣，無論說話內容是什麼，都能得到許多聽眾的贊同。

說第1個詞時要發出清楚而高亢的聲音，說第3個詞時則是轉為低沉且緩慢的語氣，這樣的變化能增加說話者的威嚴，吸引聽眾注意。

時間上只有短短三秒。根據研究團隊的聲音分析結果，在開始說話的3秒內改變音調高低和語氣，將會大大左右說服力。

順便一提，**音調和語氣的影響程度大約是5到8%**。你可能覺得這個數字沒什麼大不了，但若考慮到不必改變說話內容，只要調整開口時的音調和語氣就能確實提升說服力和影響力，頓時就會認同這是個用了也不會吃虧的技巧了。

有意識地調整自己的音調和語氣

「剛開口的3秒」是實驗中的特殊情境所得到的數字。

如果你想在日常生活中使用這個技巧，不必拘泥於那3秒，只要在傳達核心訊息之前，先加入音調和語氣的變化就好。

在打招呼、閒聊和進行前後說明時一如往常地說話，等到要說自己最想傳達、最希望對方記住的內容時，再調整成低沉的音調和緩慢的語氣。

這個技巧在線上會議也用得到。

在線上會議中，由於是透過螢幕面對好幾個人，因此外表的影響會減少，相對地，音調和語氣的重要度會增加。**如果你想要掌握會議的主導權，或者是想讓與會者對你的發言留下好印象，就要搶先在其他人之前開口。**

這一點不僅限於線上會議，目前已知，在實體會議中，第一個發言的人同樣容易被視為重要人物。由於線上會議的參與者並不直接共處一室，因此最早出聲的人就能幫自己刷存在感。

在這種情況下，當你說到第3個詞時要大大壓低音調和語氣，例如：「**大家好！（高亢）我今天有個提議。（音調壓低，語氣放慢）**」。

這麼做，與會者會把注意力轉向你，只要你發言的內容別太空洞，應該能讓人留下好印象。

無論是線上或面對面互動，不管你說的內容多麼出色，維持低聲細語都無法傳達出去，而語速快會讓人感受到你很緊張，說服力將會降低。

如同整頓環境一樣，我們同樣要有意識地調整音調和語氣，藉此呈現效果。**尤其是剛開口的那3秒，以及傳達重要訊息之前，都要注意音調和語氣變化**。光是如此，就能讓對話或演說更有說服力和影響力。

應該說快一點，還是慢慢說？

接著，我要解說的是「說話速度」。

你認為，說話像機關槍以及慢慢說，哪一種比較有說服力和影響力？

其實，**兩者各有優缺點**。

原則上，要配合對象和環境來運用。

靠「語速」和「音調高低」塑造不同印象

語速快＋語氣高亢

讓人留下精神充沛且開朗的印象。

語速慢＋語氣高亢

讓人留下大方的印象，產生安心感。

語速快＋音調低沉

能在聽者心中植入能幹和聰明的印象。

語速慢＋音調低沉

讓人感到沉穩和認真。

舉例來說，當你踏進新開幕的居酒屋，若聽到店員精神奕奕地說：「歡迎光臨！」應該會留下「這感覺是一家好店」的正面印象。

然而，要是你為了約會訂了老字號高級餐廳，一入門時若店員突然高聲大喊「歡迎光臨」就很不搭嘎，會令人不安。

再舉個例子，當你在路上偶然遇到朋友，若雙方用高亢的語調互道：「哇，好久不見！」「對啊，真巧！」對話就會用很快的語速開始。

假若其中一方聽到「哇！好久不見」的反應，是用低沉的聲音慢慢說：「嗯，好久不見。」另一方應該會心想：「我是否不該跟他打招呼？」、「我做錯什麼了嗎？」、「上次見面的時候，我和他吵架了嗎？」而感到尷尬。

語速快和高亢音調的組合能夠表現出活力和開朗，語速快和低沉音調的組合則能表現出才幹和智慧。

另一方面，**語速慢和高亢音調的組合會令人感到安心和大方，語速慢和低沉的音調則是能表現出沉穩和認真。**

當你的說話方式，和你與對方的關係、環境與情境一致就能發揮優點，反之就會變成缺點。

實際上，過去有許多研究主題和「音調高低及說話速度所帶來的影響力」有關，但結論是**並沒有一種特定說話方式適用於任何環境或狀況**，其優缺點會隨著對象和環境不同而改變。

對盟友慢慢說，對敵手說話要快

舉例來說，南加州大學（University of Southern California）曾於一九七六年做過這樣的實驗。

因應對象和狀況，分別加快或放慢語速

當對方已知或贊成你要說的資訊時

語速快＜語速慢

語速慢更容易給人沉穩和認真感，增加說服力和影響力。

當對方第一次聽到，或是反對你要說的內容時

語速慢＜語速快

語速快會顯得說話者很有自信、知性又博學，而且不給聽者思考如何反駁的時間，容易說服人。

由同一個人講述同樣的內容，比較一分鐘內說一百九十五個詞彙（語速快）與一分鐘內說一百零二個詞彙（語速慢）的情況，會帶給聽者什麼不同的印象。

結果是，**語速快會讓人感覺可信度較高，影響力也較大**，因為語速快會顯得說話者充滿自信、知性且知識量豐富，能讓聽者覺得自己接收到客觀且有用的資訊。

然而，語速快是不是提高說服力與影響力的萬用法呢？其實並非如此。

從喬治亞大學（University of Georgia）於一九九一年所做的實驗

可知，當聽者想聆聽或贊成你說的內容時，語速慢比語速快更有說服力和影響力。

相反地，當聽者反對或第一次聽到你說的內容時，語速慢容易引發反彈，說服力也不高。語速快比較有可能說服對方，影響力也更強大。

換句話說，**當對方首次聽到或反對你的意見時，語速快比較有利；當你要說的是聽者已知資訊，或是他也贊同你時，就適合慢慢說**。

為什麼會有這種差別呢？原因是，若你用緩慢的語調傳達別人不想聽的資訊，對方就有時間把自己的意見正當化，還有餘裕得以反駁，結果便是你能施加的影響力有限。

相較之下，當你說話有如機關槍，塞滿了一大堆資訊，對方光是要跟上就很吃力了，更別提有餘力反駁了。

換言之，**對盟友要放慢說話速度**，**對敵手和初次見面的人則要口若懸河**，如此才能發揮影響力。要根據你和聽者之間的關係來調整語速。

重點整理

說話時，要有意識地控制音調高低和語速，藉此提高影響力。

把5個方法組合起來，效果更強大

原則上，我在自己拍的影片中都用很快的速度說話，但這不是因為觀看影片的各位是我的敵手或盟友，而是因為我發表的資訊幾乎都是大家第一次聽到的內容。

而且，由於我的資訊來源是論文，和其他綜藝色彩比較強烈的頻道比起來，內容難度顯然比較高。

因此，**我會用很快的語速說話，加入「比喻」和「故事」並多次「重複」，再引經據典來借助「權威」的力量，也不太剪接，運用「注意力控制法」一氣呵成地說完**，花心思讓每個觀看者留下記憶。於是便**得以發動「睡眠者效應」**，使YouTube頻道的訂閱數和NICONICO的會員人數持續增加。

相反地，當我上電視節目，或是和其他YouTuber合作拍影片時，我會刻意放慢說話速度。

這和獨自錄製頻道影片時不同，節目來賓和合作對象都是我的盟友，因此我要用慢語速來提高說服力。

歷史上知名的大演說家，當然也會調整「音調」和「語氣」。

在由支持者組成的集會上，他們會用慢語速來製造融洽的氣氛，但說到重點時則會用語氣的高低起伏來產生影響力。

在一對多，而且中立派或反對派較多的場合，他們會加快說話速度，邏輯清晰地闡述自己的主張，加入「比喻」來激起觀眾的共鳴，營造出彷彿是一對一對話般的氣氛。

此外，某位知名的政治宣傳家在煽動民眾時，會選在大家剛下班，判斷力和注意力偏低的傍晚到晚上時段進行演說，並使用直截了當的簡潔口號，口若懸河地陳述。

他把「重複」、「注意力控制法」、音調和語氣組合起來，不給聽者反駁的空間，操控其潛意識。

第2章介紹的**5個方法即使單獨使用也能奏效，但組合起來的威力更強大**。

無論是在一對一、一對多、熟悉的圈子或有距離感的場合，你都要配合狀況，將容易運用的技巧組合起來，藉此發動聽者的潛意識。

3
章

驅使個人與群體的
6個「觸發開關」

促使聽者行動的臨門一腳

在學習讀心術與煽動大眾的人之間有個眾所皆知的人物，亦即名叫哈努森（Erik Jan Hanussen）的讀心師。

他生於19世紀末，在20世紀初成為歐洲的知名人物，為希特勒指導演說技巧與心理學，並以參謀的身分幫助納粹德國擴大勢力。然而，在那之後，希特勒和納粹幹部因為懼怕他，在一九三三年將其殺害。

他的本名是赫爾曼·施泰因施奈德（Hermann Steinschneider），據說是捷克裔猶太人。

他很明白，驅使人的最好方法就是**在對方心中激起強烈欲望**，並為了使其欲望的火苗延燒成大火而煽動身邊的人、甚至是大眾。

你當然不必成為哈努森那樣的讀心師。

只要活用第1章所學到的知識來建立「信賴感」和「相關性」的基礎，再用第2章解說的方法來操縱聽者的潛意識，你就可說是已經做好驅使人的準備工作。

不必打動好幾萬人的心，只要能影響身邊的幾十個人，或是真正重要的關鍵人物，就能在職場或你所屬的群體中掌握主導權。

此外，還能讓周遭的人重視你想從事的工作、想實現的夢想和願望，並且支持你。

打好「信賴感」和「相關性」的基礎，學會使用「操縱潛意識的方法」之後，

你接著所需要的是臨門一腳。

- 讓沒勇氣踏出去的人看到安全的路徑。
- 在背後推一把，促使已經踏出第一步的人再踏出第二步、第三步。
- 稱讚他採取了行動，進一步提高其動力。

一旦走到這一步，「訴諸以理就能說服人」的機制就會啟動。

明示路徑，在後面推他一把，並給予讚美，人就會受你影響而開始動起來。

在我放棄以讀心師的身分表演之後，我的許多著作都成了暢銷書，YouTube 頻

道的訂閱數超過兩百三十萬人。此外，我還提供名叫「D-Lab」的影音服務，以成為「知識型Netflix」為目標，目前有多達8萬名會員付費觀看。之所以能如此，是因為我很了解影響力的原理。

在「信賴感」和「相關性」的基礎上，操縱人們的潛意識，建立正向情感。然後再靠合乎邏輯的「觸發開關」，從背後推他們一把。

那麼，以下我就來解說促使聽者採取行動的6個「觸發開關」。

重點整理

激發聽者的強烈欲望，將能促使他做出你所期望的行動。

1 同情

第1個觸發開關是**「同情」**。

聽到「引人同情」，各位可能會聯想到刻意要惹人落淚的慈善節目，對此有種狡猾的印象。但是，目前學者已經透過心理學的研究得知，當聽者對說話者產生同情心時，他對其說話內容的理解度也更高。

這是因為，**同情心會提高人的同理心**。

聽者的內心會產生下列變化。

說話者提及引發同情心的故事
←
聽者心想「真辛苦」、「好可憐」、「我懂你的心情」，專注聽對方說話
←
同情使聽者更有同理心

更專注傾聽對方說話
↓
深入了解之後，主動提出希望幫忙
↓

大家之所以覺得賺人熱淚的慈善節目莫名做作，是因為節目製作單位巧妙運用了這個原理。這種節目會提及各式各樣的故事，來博取觀眾的同情。

當觀眾在那些故事中看到有共鳴的題材，就會被節目吸引，進而參與慈善活動。但是，當節目播完，一切都結束了。同情心的魔法將會解除，電視機前的觀眾會覺得自己彷彿被丟下了，有種受騙的感覺。

儘管如此，引發同情心的原理本身還是有效，所以我們隔年看到有共鳴的故事時，還是會被吸引。

當你要使用「觸發同情開關」時，我希望你記住，對方若被你勾起同情心，他同理你的能力將會提高，進入願意聽你說話的狀態。**但這時他們尚未因為同情你而**

和你站在同一陣線，必須要先進入傾聽狀態，理解你說的內容之後，才會採取行動。

無論引人同情的故事說得多麼完美，若後續訴說的內容太粗糙，仍然無法打動人心。

「觸發同情開關」的作用在於提高對方的傾聽能力。

藉由「觸發同情開關」讓聽者做好準備

二〇一五年，加州大學（University of California）聚集了一百位男女，請他們在大批觀眾面前演說，藉此展開實驗。

這個實驗將負責演講的受測者分成兩組，研究人員建議其中一組「在開頭博取觀眾同情，演說會更順利」，並告訴另外一組「演說時要經常注意邏輯」。

接收到指示要「吸引觀眾同情」的組別，在演講開頭述說了令人同情的故事，例如「獎學金還不完，好痛苦」、「媽媽病倒，自己除了要張羅生活開銷之外，還要支付住院費用」等等。

結果很明瞭：**誘人同情的組別演講成效比較好，觀眾的感想是「我受到演講者的影響，被他感動了」**。

而且，和講求邏輯的組別比起來，被打動的觀眾人數是它的2倍。換句話說，**只要扳動「觸發同情的開關」，就有2倍的機率更容易說服觀眾**。

當你實際在述說引人同情的故事時，**最好一點一滴地透露資訊，細膩地撼動聽者的心**。

「我媽媽生病了，為了救她，所以我努力唸書。」像這樣簡潔扼要地述說，反而會顯得浮於表面。與其如此，不如穿插一些孩提時期和媽媽的回憶，或者是無心之下不小心出言傷害到她的往事，並在此同時闡述故事：「我最愛的母親病倒了，我想要籌醫藥費救助她。為此，我要在學校學習，需要獎學金。」

這樣一來，聽眾的心會更容易被打動。

此外，研究團隊還指出：「當聽話者產生同情心時，溝通和資訊處理都會更順

「同情」比「邏輯」更能打動人

說話時只顧講求邏輯
為了解決這個問題，我要學習！
一開頭就誘人同情
有段時間，我經歷過母親病倒、經濟困苦的窘境。所以，我想解決這個社會問題，為此努力學習。
演講人克服難關，努力不懈的故事讓我很感動！

同情具有讓人際溝通更圓滑的力量，還有助於大腦處理資訊，和只講邏輯的情況比起來，說服聽眾的機率是 2 倍。

暢。為此，他們會進入更能客觀看待當下狀況的心理狀態，也更容易想出有創意的解決方法。在某種意義上，同情心是社會性的潤滑油。」

不過，若你沒有引人同情的故事可以分享，不妨把失敗經驗和令你後悔的事情當作話題。

舉例來說，當你想要督促職場菜鳥認真工作時：

「在進公司第二年的時候，因我疏於確認，導致客戶的大量商品遭到報廢，還把當時的上司和客戶端的負責人也牽扯進來，引發了大騷動……」

「我有個交情不錯的同事，當初還一起參加過新人研習，但是他在第三年就辭職了，事後詢問，才知道他被部門主管職場霸凌。直到現在，我還是很後悔自己當時為什麼沒有發現，也沒能幫他。」

運用這種能夠將角色代換成自己來想像的故事，得以讓菜鳥進入認真聆聽的狀態。關於故事為何令人感興趣，這一點我在第2章的「重複」那一節也說明過，是因為我們的大腦具有容易理解故事並加以記憶的性質。

同情心會讓人湧現親近感，想要繼續聽下去，於是就能更順暢地進行溝通和處理資訊。

順便一提，失戀情歌之所以會流行，也是因為它符合這個原理。每個人多少都經歷過失戀的痛苦，而失戀情歌的歌詞能激起同情心，讓聽者產生共鳴，進而理解創作人要傳達的訊息，並在人們心中留下記憶。

人會從「留存記憶的事物」中找出其價值，認為「這應該要推廣給更多人知道」，於是流行風潮就更加擴大。

企業也會運用「觸發同情的開關」

若從**「觸發同情開關」**的觀點來看待廣告，會發現**企業經常用這一招提升形象**。

> 「部分銷售額將捐贈給弱勢孩童。」
>
> 「本產品以合乎公平貿易（Fairtrade，以合理價格持續購買開發中國家的農作物或產品，長期援助生產者的生活水準）的理念製造。」
>
> 「本商品印有『紅杯運動』標誌，購買本商品可支援學童的營養午餐。」

這樣的廣告文案會附上貧困兒童的照片或影片，或者是將不公平貿易的機制畫成圖表來搭配，讓消費者對企業的正面印象更加分。

做公益當然是種具有社會意義的良善行為，但企業之所以積極做公益，和「觸發同情開關」擁有的威力也有關係。

他們**將部分銷售額回饋社會，用於公益，藉此得到「在消費者心中留下正面形象」的好處**。

重點整理

善加博取同情除了容易引人共鳴之外，還能在對方心中留下好印象。

2 身分標籤

第2個觸發開關是**「身分標籤」**（Identity labeling），只要稍微改變自己平常的用字遣詞，就能有效推動對方。

二〇〇四年，美國共和黨的小布希（George Walker Bush）以些微差距，在美國總統大選中勝過民主黨的候選人凱瑞（John Forbes Kerry）。而史丹佛大學配合此次選舉，做了一項研究。

研究團隊在總統大選投票日來臨前，以下列兩種方式對受測者提問，並追蹤調查他們的行為模式會不會因提問不同而改變。

1. 「在明天的選舉中投下1票，對你來說有多重要？」
2. 「在明天的選舉中當個投票者，對你來說有多重要？」

提問內容完全一樣，都是在問「你認為在選舉中投票有多重要」，差別只在於

「投下1票」或「當個投票者」這樣的用詞。

❶的「投下1票」是用動詞來描述「行使投票權」。

❷的「當個投票者」是用名詞來描述「行使投票權」。

研究團隊的目的是要**調查「用動詞或名詞提問時，哪種方式會讓人更加意識到投票權，並實際前往投票」**。

隔天，研究人員追蹤受測者的行動，發現2個組別出現很大的差異。聽到名詞提問的第❷組，實際前往投票的比例，比聽到動詞提問的第❶組高了11%。

換言之，**若想讓人採取特定行動，選用名詞比較有可能對他造成影響**。

要催促別人時，我們通常都會用「快買啦」、「想個法子吧」之類的說法，亦即用動詞傳達。

然而，實際上，若用「當個買家吧」、「當個點子王吧」，用名詞來呼籲會更有效。

人會想要成為符合「標籤形象」之人

名詞之所以會發揮比動詞更大的影響力，是因為名詞能夠賦予聽者一個明確的身分。

「投下1票」是個和你自己不直接相關的行為敘述，但「投票者」是個意指你自身的詞彙，也讓你的職責更明確。

在聽者身上貼「身分標籤」，他心中會有一股義務感油然而生，認為自己必須成為你所說的身分，進而採取行動。

舉個例子，假設你是健身房的教練，希望會員持之以恆地進行重量訓練的話，與其對他說「你要1週做3次重訓」，建議他「你要1週做3次重訓，成為肌肉男」會更有效。

在影響力這方面，「身分標籤」的優點是**使聽者產生義務感，卻少了強迫感**。

面對不太幫忙做家事的伴侶，與其責怪他「你連衣服都不幫我洗」，不如任命

想讓人行動，就要用「名詞」來呼籲

○ 名詞敘述	× 動詞敘述
當個投票者！	投下1票吧！
成為肌肉男！	持之以恆做重訓吧！
你是洗衣專員！	你能不能幫我洗衣服？
你要成為部門MVP！	要努力工作！

名詞敘述讓人實際採取行動的機率，
和動詞敘述比起來高了11%。

動詞所指的行為和個人是分離的，與其如此，用代表個人的名詞來貼標籤，聽者心中更容易產生義務感和責任感。

他「你從明天起開始擔任洗衣專員」。

若想要改善下屬的業績，與其用「加油」來鼓勵他，不如用「你要成為我們部門今年的MVP」來加以鞭策，這樣才是有效的「身分標籤」。

另外，你看到前面提到的史丹佛大學研究結果，可能會覺得：「採取行動的比例才11%，好低！」

可是，光是稍微改變說法，你對聽者造成影響力的機率就會提高11%。

除此之外，**「身分標籤」還能**

用來達成自己的目標。

舉例來說，《航海王》的主角魯夫宣稱「我要成為海賊王」，就是個很棒的「身分標籤」。

假如你正為了升遷考試唸書，或者是正在準備考資格證照，不妨在行程表上寫下「回到家後1小時，我要成為升遷（考照）王！」如此對自己發出宣言。

光是這樣，就能製造出促使你認真唸書的推力。

重點整理

在發問或提出要求時使用名詞，能讓人在不知不覺中產生義務感，促使他採取行動。

3 公平性

第3個觸發開關是「**公平性**」。

這裡所說的公平性，是指**至少要從兩個角度來探討事物**。比起只強調偏頗一面的說話者，聽者更傾向於相信會多方探討的說話者。

那麼，什麼才是多方探討的說話方式呢？以下就來舉個例子。

我的NICONICO影片頻道叫做「讀心師DaiGo的心理分析」，大標語是：「這個有科學根據嗎」？

我發言時很重視科學佐證，但另一方面，我在拍攝影片、演講或受訪時，也會說「科學並非萬能」。如同本書一再強調的，因為我知道人類是依賴情感做事。

舉例來說，當我們戀愛時，大腦有20幾個部位會過度活化，陷入亢奮狀態。

根據腦神經科學的研究，這種情況在戀愛初期會持續一定的時間。在這段期間內，不只判斷能力，就連客觀看待狀況的能力和注意力都會大亂。換言之，這時大腦的狀態彷彿酩酊大醉，墜入愛河的男女，其判斷力只有黑猩猩的程度。然而，即使我們理解這些科學根據，一旦愛上了某人還是會陷入混亂，拼命想讓愛慕對象多看自己一眼，若犯下失誤就會感到沮喪，一看到對方的笑容就心花怒放，甚至無心工作。

這一點對我來說也一樣。連我這個能看穿別人心理，玩抽鬼牌絕對不會輸的讀心師，也無法看透心儀女性的心。當大腦陷入興奮狀態，我腦中累積的科學知識一時之間根本派不上用場。

這樣看來，科學果然不是萬能。

那麼，科學在戀愛上是多餘的嗎？倒也並非如此。

如果我們有了自覺，知道自己當下的判斷力只有黑猩猩程度，就能把失態程度縮到最小。相反地，無論我們犯下多大的失敗，也能鼓勵自己：「我就是那麼真心喜歡對方！」
也就是說，若擁有科學見解，就能觀察過去和現在的自己處於什麼狀態，推測未來會如何變化，找到更好的選項。

你覺得如何？比起只強調「科學萬能」，上述這段例子，是不是讓你對科學的可信度更具真實感了呢？

雖然我終究還是在主張「科學見解的重要性」，但在這之前**先多方面探討，聽者就會覺得你說話時保有公平性**。

越是強力推送「單面訊息」，人越會起疑心

「我很重視科學根據，但科學並非萬能。」
「這雖然不是最好，但相對較好。」

如上所示，從許多面向來介紹某項事物之後，歸納出自己的結論，稱為**「雙面訊息」**（Two-sided message）；站在不同立場，強調其中一個面向，稱為**「單面訊息」**（One-sided message）。許多科學家長年都在研究，這兩者當中究竟哪一種才能對聽者發揮影響力？

伊利諾大學的奧基夫博士（DJ O' Keefe）曾寫過一篇論文，堪稱是這些成果的集大成。

該論文針對過去50年發表的一〇七篇文獻做了統合分析，研究在聽眾「贊成」或「反對」說話者的意見時，「單面訊息」和「雙面訊息」何者比較有影響力。受測者人數超過兩萬人，是一項準確度相當高的研究。

從研究結果中得知，**無論聽眾贊成或反對說話者的意見，「雙面訊息」的說服力和影響力都比較高**。

從直覺來想，我們會覺得若聽眾贊成自己的意見，我方就應該用更強大的力道來推廣「單面訊息」，如此比較能炒熱氣氛，更容易讓人採取後續的行動。

然而，**要是只強調單一意見，連原本贊成的人都會開始產生不信任感**。根據奧基夫博士的分析，當聽眾的教育程度越高，這樣的傾向也越強。

人的心理是這樣的，聽到「只有這個選項」就會產生疑心，心想是否還有其他可能性，而這樣的反應和教育程度無關。

換句話說，當說話者越是死纏爛打地推送「單面訊息」，聽者就會將此解釋為「這個人想要傳達對他有利的訊息」，進而感到抗拒。

「雙面訊息」會讓人對說話者留下聰明又公平的印象

另一方面，「雙面訊息」還能讓聽眾對說話者留下正面印象，例如：

「這個人知識很豐富！」

「演講人在發言前探討過很多意見！」

把自己的企圖偷渡到「雙面訊息」中

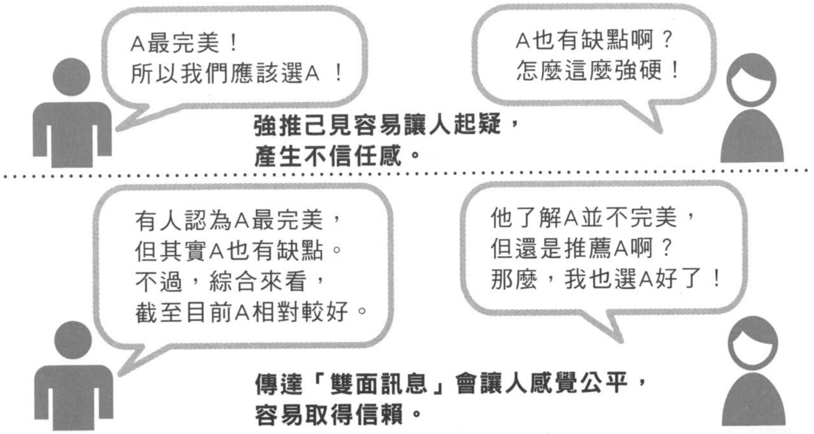
A最完美！
所以我們應該選A！
A也有缺點啊？
怎麼這麼強硬！
強推己見容易讓人起疑，產生不信任感。
有人認為A最完美，但其實A也有缺點。不過，綜合來看，截至目前A相對較好。
他了解A並不完美，但還是推薦A啊？那麼，我也選A好了！
傳達「雙面訊息」會讓人感覺公平，容易取得信賴。

蒐集雙面意見再推薦的話，更容易說服人，而且會讓對方有種自主決定的感覺，容易發揮影響力。

> 「他有考慮到我，讓我公平選擇！」
> 「從他身上聽到了新的見解！」

「雖然有A這種看法，但相反地也有B這種意見。對此，我是這麼想的。」**這種「雙面訊息」是個「具有公平性的觸發開關」，讓聽者更有「我是自主做出選擇」的感覺。**

如同我在第1章提過的，人對於自己做的選擇有著想要維持一貫性的本能。因此，**當聽眾聽了「雙**

面訊息」並接受之後，就會往你企圖的方向行動。

不過，雖然「雙面訊息」在提高說服力和影響力這方面看似萬用，但有個例外，那就是廣告。

若單純來想，大家會認為「單面訊息」的廣告是想讓人掏錢購買，產生「我才不會上當」的抗拒感，而「雙面訊息」應該會比較有效。

然而，**當運用於廣告時，「單面訊息」和「雙面訊息」兩者的說服力和影響力並沒有差別**，因為受眾已經察覺這是廣告，而它正想方設法說服自己掏錢。

若一開始就失去公平性，不管再怎麼假裝具有公平性也沒有用。

也就是說，**當你的態度很明顯透露出你想誘導聽者的企圖時，無論使用「單面訊息」或「雙面訊息」都無法發揮影響力**，還請注意。

重點整理

從多方面來探討，
並在其中偷渡自己真正的意圖，
聽者會更容易自發性地選擇你要的方向。

4 Why not 戰術

第4個觸發開關是「Why not 戰術」。

當聽者持否定意見，不同意你說的話時，用這個說服技就能夠拉攏對方。

很多時候，當我們反對某人的意見、不太願意答應同事的請求、或者是對伴侶的提議沒太大反應時，我們並不是因為有什麼特殊原因才站在否定的立場。

- 用「我現在很忙」拒絕同事的請求。
- 覺得團隊領導人態度囂張，令人不爽而扯他後腿。
- 因為心情莫名煩躁而否定男女朋友提出的約會計畫。

在這種情況下，我們之所以不答應，只有極少數是因為宗教信仰上的理由與會涉及犯罪等倫理上的問題，也並非基於自己的價值觀而感到難以接受。**絕大多數的**

情況下，都是因為提不起勁、嫌麻煩甚至沒原因等雞毛蒜皮的小事而拒絕。

不過，持否定態度的當事人並沒有察覺自己是因為小事而拒絕，所以我方要用「Why not 戰術」進攻敵陣。

當對方拒絕你的要求或反對你的提議時，就要反問「為什麼」。或者是，當聽眾對你說的話一臉不滿時，就要詢問：「好多人一臉不以為然呢！為什麼？」

聽到你問為什麼，他們就有機會客觀審視自己，問自己為什麼拒絕、反對或不滿意。

於是，他們就會察覺自己並不是基於特別的原因或堅持才否定你。

- 「咦？我又不是沒時間，就答應他吧！」
- 「咦？這個意見也不是沒道理。」
- 「咦？我的確還不滿意，但再聽下去也無妨吧！」

遭到拒絕時，就反問為什麼

可以拜託
你嗎？
對不起，
我現在沒空！
不太想答應啊……
咦？為什麼？
那你什麼時候
有空？
啊……
那明天好了！
好像也沒必
要強烈拒絕……

當對方沒有明確的拒絕理由時，只要反問「為什麼」，他就會察覺自己很小氣，容易改變心意答應你。

訣竅在於要如此讓當事人自己察覺，於是他就會陷入「認知失調」（Cognitive dissonance）。

人類基本上都有想要助人、博得感謝和好心待人的欲望。當你用上「Why not 戰術」，對方自然會察覺自己很小氣、出於偏頗的想法在否定你。

這樣一來，他會因為原本的欲望和當下的自己有差距而陷入「認知失調」，心想「這樣不行」，並採取行動來拯救自己的形象。

換句話說，**只要問一句「為什麼」，就更容易讓人答應你的**

請求，或者是表現出贊同的態度。

提高說服效果的4種要求法

美國密西根州立大學（Michigan State University）的研究團隊於二〇〇九年所做的實驗，證實了「Why not 戰術」的說服效果。

實驗內容是，委託偶然經過的路人花10分鐘幫自己看管腳踏車。對路人來說，就是被完全不認識的陌生人要求「在車主去購物時幫忙顧腳踏車，以免遭竊」。

研究團隊測試了4種委託方式的說服效果。

請各位讀者一邊閱讀、一邊想像如果是自己遇到同樣的情境會怎麼做？

委託方式1 以退為進策略

第1個是用「以退為進策略」（Door-in-the-face technique，DITF）來提出委託。

「以退為進策略」在羅伯特・席爾迪尼（Robert B. Cialdini）的著作《影響力：說服的六大武器，讓人在不知不覺中受擺佈》中也有介紹，能迫使別人讓步，是個大家都耳熟能詳的技巧。**方法是在一開始先提出很大的要求，在對方拒絕後才提出真正的請求**。

趁對方因為拒絕而產生罪惡感時降低請求的門檻，如此便會更容易通過。

在這個實驗中，先是要求路人花1小時幫自己看管腳踏車，等他拒絕，再提出「即使只顧10分鐘也好……」。

委託方式2　得寸進尺策略

第2個方法是**「得寸進尺策略」**（Foot-in-the-door，FITD）。

它的英文字面直譯是「把腳踏進門內」，**一開始先提出讓人不便拒絕的小小請求，等他答應之後，再提出真正的請求**。一旦對方說了「YES」，第81頁提到的「一貫性原理」就會發動，讓他很難拒絕下一個請求。「得寸進尺策略」就是利用這樣的心理。

在這個實驗中，車主一開始先拜託路人在自己去上廁所時幫忙看顧腳踏車，等路人答應了，便接著要求：「我還想去買東西，可以幫我顧10分鐘嗎？」

委託方法3 安慰劑資訊

第3個是在委託時夾雜**「安慰劑資訊」**（Placebo Information）。

「安慰劑資訊」是指**一些不成理由的藉口**，例如「我有點急」或「我有事」。

關於這個方法的效果，有個最知名的研究是這樣的：當大家在辦公室的影印機前排隊時，只要說：「對不起，我要影印，可以讓我先用嗎？」即使這並不是正當理由，仍然能成功搶先使用，而且機率和你有正當理由，例如「我5分鐘後要開會」或「我只印1張，很快就好」時不變。

「安慰劑資訊」之所以有效，是因為人有著無論內容為何，只要聽到「理由」就會覺得資訊可信度提高的心理。

在此實驗中，車主會對路人說：「我有點事，可以幫我看管腳踏車10分鐘嗎？」

委託方式4 「Why not 戰術」

第4個委託方式是使用「Why not 戰術」。

在實驗中，車主先請路人幫忙看顧腳踏車10分鐘，在遭到拒絕後反問「為什麼不行」，對路人窮追不捨。

情況就像這樣：

「可以請你幫我顧腳踏車10分鐘嗎？」

「沒辦法耶！」

「咦？為什麼不行？只顧10分鐘耶！有什麼問題嗎？」

那麼，以下我就來揭曉這4種方法的效果。

「Why not 戰術」有50%機率能逼對方讓步

以上這4種說服技巧全都發揮了效果。

提高說服效果的4種委託方法成功率

第 1 名　Why not 戰術	
在遭到拒絕後反覆問為什麼， 死纏爛打。	→成功率 50%
第 2 名　以退為進策略	
先提出很大的要求， 遭到拒絕後再提出真正想委託的事。	→成功率 36%
第 3 名　得寸進尺策略	
先提出令人難以拒絕的小小要求， 然後才說出真正的目的。	→成功率 26%
第 4 名　安慰劑資訊	
一副理所當然的樣子， 把不成理由的藉口加進要求裡。	→成功率 13%

當你想要提出請求時，若連遭到拒絕時可使用的「Why not 戰術」內容也一起預備好，最終成功的機率將會提高。

和不使用任何方法，單純只請路人幫忙看管腳踏車10分鐘比起來，這些方法能夠確實提高車主對路人的影響力，使其答應要求。不過，這4個方法的成功率有高低之分。

- 第4名：安慰劑資訊，成功率13%。
- 第3名：得寸進尺策略，成功率26%。
- 第2名：以退為進策略，成功率36%。
- 第1名：Why not 戰術，成功率50%。

「Why not戰術」有50%機率迫使原本持拒絕態度的對象讓步，是個強而有力的說服技巧。

重點整理

大多數情況下，人們之所以會拒絕要求，通常沒有具體的理由，若追問為什麼拒絕，對方答應的機率就會提高。

5 SMART法則

第5個觸發開關是**「SMART法則」**。

二〇一七年，劍橋大學曾研究「擴散開來的社會運動和社會貢獻活動有何共通點」，在研究過程中發現了這個法則。換句話說，**「SMART法則」匯集了讓流行與大眾狂熱一口氣擴散開來的必要因素**。

只要了解「SMART法則」，並且以自己的方式善加運用，就能將受眾牽扯進來，扳動製造流行風潮的「狂熱觸發開關」。

順便一提，這裡所說的社會運動和社會貢獻活動，例如：有各國女性站出來坦承自己遭到性騷擾的「Me Too運動」，以及為了替ALS（肌萎縮性脊髓側索硬化症，俗稱漸凍人症）招募研究費用的「冰桶挑戰」（Ice Bucket Challenge），亦即拍下自己淋冰水的影片，上傳到社群網站的接力活動。

劍橋大學觀察並比較這類社會運動與社會貢獻活動中曾形成風潮與並未引發流

行的例子，發現**那些造成大流行的現象都有4個共通點**。

「SMART法則」的「SMART」，就是把這4個共通點的開頭字母組合起來所發明的詞彙，以下我將逐一加以解說。在解說過程中，人性欲望的黑暗面將會隨之浮現，還請各位讀者小心。

引發熱潮所不可或缺的4個要素

「S」：社會影響

「SMART」的「S」是指「社會影響」（Social Influence）。

目前已知，含有「社會影響」要素的訊息或運動容易透過臉書、推特或Instagram等社群媒體擴散，進而形成很大的風潮。這是因為**那些訊息會刺激人們的親和需求（Affiliation Need）和自我實現需求**。

舉例來說，冰桶挑戰起初是為了讓大眾知道有漸凍人症這種難治之症，為了籌募研究經費，此一運動便在全世界傳開來。

其背景因素和人們擁有的這些情緒有關。

- 自己會關心各種社會議題。
- 想要以某種方式貢獻社會。
- 想要切身感受到自己和社會的連結。
- 想要展現出心懷善念的自己。

以加入冰桶挑戰為例，這能滿足人們「想要幫助罕見疾病患者」、「想要支持治療方法的研究」、「想要表現出自己和社會有連結」的欲望。

也就是說，贊成含有「社會影響」要素的訊息，或是參與社會運動，能夠提高本人的自我形象。

說得簡單點，**只要具有「參加後會覺得自己做了好事」的要素，就容易形成社會風潮**。

若要推動大眾，
就要連「欲望」和「評價」也計算進去

社會影響

你設下的觸發開關若具有社會影響，
就容易引發流行。
→跟著做，能夠提高自我肯定感！

×

常規（Normative）

若你設下的觸發機關在世人眼中看來不方
便拒絕，就容易流行。
→要是拒絕，旁人對我的印象就會下滑！

只要有意識地讓參與者「看起來很棒」，而不參與的人「評價會下降」，就容易發展成把大眾都牽扯進來的社會風潮。

假如你想在你的受眾之間刮起旋風，就必須看出人的欲望本質。

人與其說是想要解決社會問題，對有意義的運動做出貢獻，不如說是那樣做能提高自己的個人形象，從中找出價值，大於社會意義。

那些狂熱的流行背後隱藏著人們的自我實現需求，包括「搭上風潮的自己看起來比以前更棒」、「能夠獲得旁人更高的評價」等等。**如果你想要引發什麼風潮，就要設下「讓參與者在第三者眼中看起來很棒」的機關。**

我自己也有正在和漸凍人症奮鬥的朋友，所以我無意揶揄冰桶挑戰。只是，從它為何會大流行的觀點來看，這個公益活動的優點在於「點名下一個冰桶挑戰者」。也有其他社會運動使用這種接力的方式來擴散，具有「社會影響」的訊息必須有下一個人跟著接力，當下一個人選擇無視或拒絕時，他在圈子裡的形象就會下跌。

點名下一位，讓大家接力參與活動，這種推動人的力量稱為**「常規」**（Normative），**讓人很難拒絕，覺得非做不可**。冰桶挑戰也有著被點名就很難拒絕的特點。

總結來說，只要加上「跟著做就能提升自我形象」的「社會影響」，以及「不參與的話，風評就會變差」的「常規」要素，流行風潮就更容易擴大。

「M」：道德命令

「SMART」的「M」是指「道德命令」（Moral imperative）。目前已知，**會引起道德爭議的訊息容易擴散出去**。我們身邊最常見的「道德命令」例子，就是網路上發生的爭議事件。

二〇二〇年，正當新冠肺炎大爆發時，社會上發生了橫掃衛生紙與口罩並高價轉賣的問題，甚至有現任議員經營的公司在拍賣網站上販售囤積的口罩而遭到撻伐。人們之所以會對那些囤貨的人提出忠告，或是批評高價轉賣者，其背後都是因為「道德命令」所引起的憤怒。

「道德命令」的先決條件是下列這些規範：

「別人有困難時要伸出援手！」
「要讓座給身體不適的人。」
「不能在公共場所大吵大鬧。」

如上所示，有些道德規範獲得許多人認同，當大家都遵守這些規範，團體就能圓融地運作。

然而，有時會有違反規範的人出現。

前面提到囤積衛生紙和口罩，甚至高價轉賣的人，他們就是個例子；在公司裡犯下性騷擾或職場霸凌的員工，在學校裡霸凌同學的學生或執行體罰的老師也是。

許多人對這些違反規範的人很反感或憤怒，於是事情就會掀起爭議並擴散出去。這就是「SMART法則」所說的「道德命令」。

舉例來說，「Me Too運動」就含有「反對性騷擾」這個核心訊息，具有「道德命令」的要素，所以會在短時間內獲得眾人贊同。

當自己支持的事物符合許多人認同的規範時，人們就會抱著自信散播這個訊息。

和「道德」有關的訊息容易被轉傳

影視記者做的事就跟霸凌沒兩樣！
把體罰視為理所當然的教師真是不像話！
像黃牛那種行為真的很差勁！
你們不覺得在禁菸區抽菸的人很莫名其妙嗎？
沒錯！我要轉貼！
論點太正確了！
再多批判一點！

有人違反社會上普遍贊同的道德規範時，只要指出他們的錯誤，就能吸引許多人加入撻伐的行列，容易爆紅。

日本的「保護國民不受NHK傷害黨」，其首屆黨主席立花孝志就是巧妙善用「道德命令」來製造對立，進而獲得選民支持。他指出就算不收看NHK也要支付費用的矛盾之處，擄獲了同樣感到不滿的階層。

「既然我不看NHK，就應該有不必支付收視費的權利！」這個主張形成一個道德規範，抓住某個階層的心並引發議論，進而提高了知名度。

不過，當這個流行大到某種程度，它的勢力就會停止擴大，因為對大多數國民而言，有關收視費的爭論並不是最重要的議題。

儘管如此，就希冀引發流行的人而言，對已經滲透社會的道德規範提出疑問，藉此製造話題的做法，不也可以做為參考嗎？

每當社會上出現有關道德的議論，我們往往會予以關注，更會忍不住想要插嘴。

「AR」：情感反應

「SMART」的「AR」指的是「情感反應」（Affective reactions）。

劍橋大學的研究團隊指出，**若發布的訊息中具有產生「情感反應」的要素，亦即能讓人的情感產生很大變化，就容易成為一種流行**。

共鳴與同情是強烈的正向情緒，憤怒與焦躁則是強烈的負面情緒。無論是哪一種，只要是能夠撼動人們情緒的訊息，就很容易病毒式地擴散出去。

舉例來說，大受歡迎的 YouTuber 一定會花很多心力製作影片縮圖（Thumbnail），讓觀者一眼看出影片內容。並不是只要加入大量文字、增加資訊量或插入具有衝擊力的畫面就得以增加收看次數，**最重要的還是能夠撼動情感的口號**。

若在影片縮圖中加入令人聯想到笑、開心或懷念的關鍵字，就能吸引想要有好心情的人。相反地，若影片縮圖會讓人聯想到憤怒、焦躁或痛苦，就會打中那些負面情緒多到滿出來的人。

重點在於，別想要取得最剛好的平衡。**無論是正面情緒還是負面情緒的變化，只要起伏越大，就越能吸引多數人的目光**。從褒義和貶義來看，煽動情緒都有助於增加收看次數。

當我在推特或YouTube做出過火的發言而上了網路新聞時，我一定會意識到「情感反應」。

無論是正面還是負面，我都會徹底甩開距離。尤其是在影片中，我會特別**運用「道德命令」來強烈發送負面意見，接著再提出正面的解決方法，藉此吸引觀看者的心**。

這樣一來，觀看者的情緒會先大幅倒向負面，然後又一口氣倒向正面，於是我發布的內容就會深刻地留在他們心中。此外，看完影片之後，還有更多觀眾會留下「太好了」的印象，可望透過口耳相傳讓影片擴散出去。

「T」：轉化影響

「SMART」的「T」是**「轉化影響」**（Translational impact）。

若要讓流行持續下去，就必須具備讓一個話題能延續到下個話題的刺激。

在這個資訊爆炸的時代，單一話題在社會上受到討論的時間並不長。無論是暖心的好事或大肆延燒的醜聞，以新聞題材來說都是短時間內就會被用光。

換成是個人所發布的資訊也是如此。

即使你的業績領先群雄並受到表揚，旁人過了幾天就會忘掉。即使創下在團體裡人人都說讚的實績，這樣的高度好評仍然不會永久持續。

人類的專注力並不持久，不定期給予刺激的話，流行趨勢過不久就會退燒，這是自然現象。連劍橋大學的研究團隊也承認「要維持最初的影響力最為困難」，並指出「這個問題並沒有絕招可用」。

這時，「轉化影響」能派上用場。

舉例來說，業績出眾而受到表揚的人，只要在三個月或半年後再次創下好成績，「他是工作高手」的評價就會深入人心。再舉個例子，在團體裡給其他人建議並受到感謝的人，若之後再次幫助其他成員，「他很可靠」的口碑就會傳開。

各位讀者只要回想一下第2章介紹的「重複」，就能了解**那些開始傳播的訊息**

和剛開始流行的運動，同樣是透過「重複」逐漸固著下來的。

重點整理

人們心中潛藏著「想當個別人心目中的好人」和「不希望自己的評價下滑」等社交需求，若從情感層面來撼動這些需求，就容易引領流行。

6 損失框架與利得框架

第6個觸發開關是**「損失框架」**（Loss frame）與**「利得框架」**（Gain frame）。

只要搞懂「損失框架」和「利得框架」的關係，就能夠替你自己或你發送的訊息增加正面評價。換句話說，這是個能夠引爆「口碑」的觸發開關。

美國西北大學（Northwestern University）於二〇〇八年做過有關「口碑」的研究，能夠援引來作為科學根據。

研究團隊針對29篇研究論文，總計六千三百七十八人份的資料做了統合分析，研究什麼樣的訊息會靠著「口碑」的力量在大批群眾之間傳播，以及訊息的內容、寫法、表達方式會如何影響評價好壞和擴散與否。

這時出現的關鍵字是「損失框架」和「利得框架」。無論是一對一對話或一對多的溝通，甚至是網路上的交流，這兩個技巧都能派上用場。

首先，**「損失框架」是在發出訊息時，將焦點放在悲觀的話題上**。

「要是不用這款化妝品，罹患皮膚癌的機率就會變高！」
「抱持現在的意識繼續工作，就會被炒魷魚！」
「繼續用這種方式說話，人際關係就會變糟！」
「光是存錢，只會對未來的經濟狀況越來越不安！」

以上例子都在強調聽者的損失，煽動他們的恐懼感。聚焦在悲觀資訊上的發訊方法，稱為「損失框架」。

另一方面，「利得框架」則是在發訊時，將焦點放在樂觀的資訊上。

「只要用了這款化妝品，就能降低罹患皮膚癌的機率。」
「只要在這方面改變意識並投入工作，就不用擔心被列入裁員名單。」
「你想不想學習讓人際關係更圓滑的說話術呢？」

「為了去除將來的經濟不安，我有一個運用資產的方法要傳授給持續存錢的人。」

如上所述，讓聽者產生「有利益」的預感，聚焦在樂觀資訊上的發訊方式，就稱為「利得框架」。

「利得框架」是引爆口碑的觸發開關

其實，當你想要說服別人，或者別人想要說服你時，資訊的結構原則上都分屬「損失框架」或「利得框架」其中一種。

舉例來說，當家長罵孩子「不快點去洗澡的話，晚上睡覺會有鬼來找你！」就是「損失框架」，若說「趕快去洗澡才可以盡情玩遊戲」，就是「利得框架」。

再舉個例子，在銷售上，「現在購買就給您特別優惠」是「利得框架」，「只剩3台，要買要快」則是「損失框架」。

此外，要向學生傳達學習的意義時，「現在好好唸書，將來才能過上好生活」是「利得框架」，「不好好唸書的話會吃虧」則是「損失框架」。

如上所述，**當我們要促使別人採取行動時，一定會在訊息中加入「損失框架」或「利得框架」**。

因此，西北大學的研究團隊進行了「『損失框架』和『利得框架』哪一種能更衝高口碑效益」的調查。

得知的結論是，無論在商業場合還是日常生活，人們通常都會使用「損失框架」，因為煽動害怕損失的恐懼感能夠提高說服力。

如同行為心理學（Behavioral psychology）的研究所揭曉的，人有著不想吃虧的心理，比起利益，更重視損失。也就是說，只要打出**「再這樣下去會有悽慘的下場」，人就會很容易受到「損失框架」所影響**。

不過，西北大學研究的有趣之處在於，**儘管「損失框架」的說服力大於「利得框架」，但「損失框架」卻不會讓口碑發酵**。

比起「恐懼」，「獲得好處」更能讓「口碑」發酵

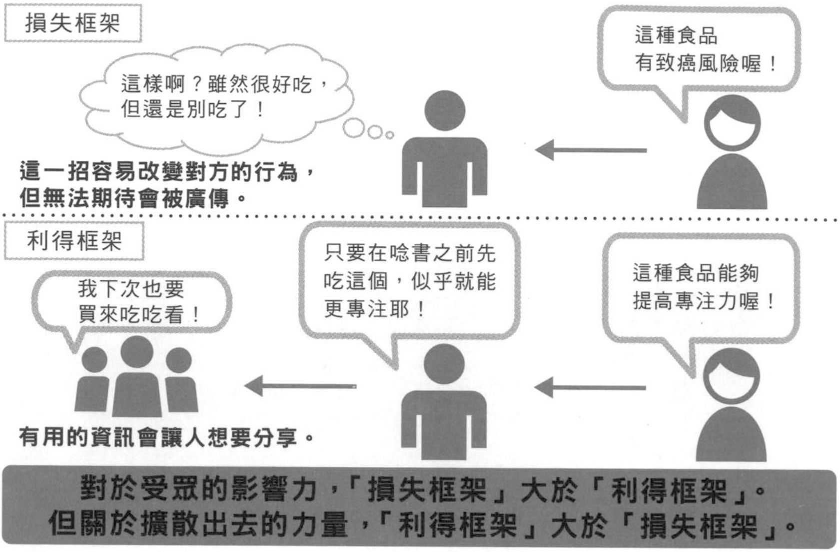
損失框架
這種食品
有致癌風險喔！
這樣啊？雖然很好吃，
但還是別吃了！
這一招容易改變對方的行為，
但無法期待會被廣傳。
利得框架
這種食品能夠
提高專注力喔！
只要在唸書之前先
吃這個，似乎就能
更專注耶！
我下次也要
買來吃吃看！
有用的資訊會讓人想要分享。
對於受眾的影響力，「損失框架」大於「利得框架」。
但關於擴散出去的力量，「利得框架」大於「損失框架」。

當我們想在一對一或一對多的情況下說動人時，「損失框架」確實能派上用場，但被「損失框架」說服的人雖然會改變自己的行動，卻不會想要把原因和內容告訴別人。

相反地，透過「利得框架」接收到訊息的人，卻會積極地告訴親朋好友。

這是因為，**將有用的資訊告訴自己以外的人，能夠滿足人們「做出貢獻」的欲望**。

假如當下還獲得對方感謝，就會感受到更大的喜悅。

因此，若你想要提高新事業的知名度、想讓大家瘋傳你經手的商品、想在網路上一炮而紅，或者是想要增加 YouTube 頻道的訂閱數，**就要記得以「利得框架」的手法發送訊息，好讓一對一或一對多溝通的對象把口碑傳出去**。

重點整理

要說服人們，

內容裡一定會參雜「損失框架」或「利得框架」。

若想要讓口碑發酵，使用「利得框架」才有效。

6個觸發開關
還可用於不受人操縱

順便一提，當我頭一次接觸到「損失框架」和「利得框架」的研究時，最先聯想到的是新興宗教獲得信徒的手法。

許多新興宗教都會強調此生的利益，也就是用「利得框架」告訴你「只要信教，人生就會好轉」，藉此增加信徒人數。

然而，當入教的信徒基於某些原因要退教時，對方就會突然用「損失框架」的手法來阻止。

「你若是迷惘，工作運和財運都會下跌！」、「要是你現在放棄信仰，就連家人都會遭遇不幸！」他們會如此暗示信徒可能會失去的寶貴事物。

先不管這樣的做法是好是壞，那些想要運用自己的影響力來驅使群眾的人，都會用上各種技巧來動搖人心。

第3章所介紹的「同情」、「身分標籤」、「公平性」、「Why not 戰術」、「SMART法則」、「損失框架與利得框架」等6個觸發開關，不只能用來發揮你的影響力。

事先了解這些手法，當你湧現原本沒有的欲望和衝動時就能自我檢測，知道自己身上發生什麼事，例如發現「對方是想要博取自己的同情心」、「這個人想靠『社會影響』，製造出讓我難以拒絕的氣氛」、「這個網站運用『公平性』的手法，吸引人掏錢購買」等等。

這些知識，能夠預防你自身在違反己意的情況下遭到他人操縱。

4 章

你沒能驅使別人的3個原因

枉費「信賴感」與「相關性」等能掌控潛意識的基礎

「我明明是懷抱滿滿熱情地傳達，別人卻感受不到，總覺得自己在團體裡白白努力了。」你是否曾像這樣感到空虛呢？

我在序章中曾提到，如果你自認已經很積極地傳遞心意和意圖，試著發揮自己的影響力，卻還是在煩惱無法盡如己意地驅使周遭的人，就要先從第4章開始閱讀。

如果你想搶先知道解決這種煩惱的方法，並想先從這一頁開始讀起的話，**不妨看一下左頁所列出的「3個原因」，並檢視自己平常的說話和表達方式是否符合**。

如果有符合的項目，那就太幸運了。

這表示，你無法順利操控人心的原因昭然若揭。

而知道不順利的原因之後，只要加以改善就好，建議你之後再回到第1章，照

你平常是不是這樣想呢？

- ✓ 認為劃時代的新點子就是王道。
- ✓ 認為實質內容比外表重要。
- ✓ 自認個性比別人溫和。

如果你符合以上任何一項，請從這個章節開始讀起。

著提高影響力和說服力的步驟做。只要學習個中原理並加以實踐，無論是誰都能發揮超影響力。

另一方面，從序章開始，沿著第1章、第2章、第3章讀到這裡的人，**不妨把我接下來要列舉的3個現象當作反面教材**。當你學會如何發揮影響力和說服力之後，這幾個地方更應該特別注意。

尤其沒能驅使人的第3個原因「成為操控的那一方，將會失去客觀性」，更是在你剛學會恣意操控別人時容易落入的陷阱。你好不容易才打下「信賴感」和「相關性」的基礎，做好操控別人潛意識的準備工作，但過度自信會招來聽者的反感，讓這些都化為烏有。

接下來，我將要重申說服力和影響力的錯誤用法，以及那些用法為什麼會觸怒人，引發反彈或不信任。

想要說服並影響別人，促使他採取行動，但就是做不好。只要先釐清原因，再回顧第1章以後的內容，就能讓你運用技巧的能力更上一層樓。

重點整理

當發覺「自己無法說動別人」，其實已經有所自覺，只要透過這一章找出原因就能改善。

1 正面挑戰「傳統思維」

很棒的靈感和絕對的自信，有時會讓你的視野變得狹窄。

舉例來說，當你抱持熱情傳達想法之後，是不是沒能得到旁人的理解呢？

- 在提出企劃案時，腦中浮現了嶄新的構想！
- 想到了能夠一口氣改善職場效率的方法！
- 找到了絕對能讓所有人都樂在其中的方案！
- 真心想把一項有用的商品推薦給別人！
- 發現了一種十全十美的做法！

說話者認定這些提議對周遭的人有利，也認為人們聽聞之後一定會很開心，並熱切地遊說。

然而，結果卻是沒獲得期待中的反應，對方甚至還一臉嫌棄，直接拒絕，或顯然沒在聽，讓你因為他那冷漠的態度感到沮喪。

之所以會有這種落差，形成說話者一廂情願的狀況，原因在於「社會認同」。

你和我在經驗上和社會共通的認知上都擁有深信不疑的價值觀。無論身處哪個社群，都有著長時間持續下來的「傳統思維」，也就是「社會認同」。

它們和社會上一般的價值標準比起來或許有些過時、死板或不合拍之處，但對某個人或群體來說，那些傳統思維就是他們的支柱。

如果你想傳達的訊息會強硬介入那些傳統思維，即使所持意見正確，還是會引發強烈反彈。

● 在提出企劃案時，腦中浮現了嶄新的構想！

↓ 對方想要的企劃案，是在傳統的構想上做點變化就好。

●想到了能夠一口氣改善職場效率的方法！
↓雖然有點沒效率，但周遭同事還是比較喜歡慣用的業務流程。
●找到了絕對能讓所有人都樂在其中的方案！
↓「絕對」和「能樂在其中」這種強迫推銷法會引發反彈。
●真心想把一項有用的商品推薦給別人！
↓不聽對方的需求，便無法顛覆「強迫推銷很煩人」的印象。
●發現了一種十全十美的做法！
↓對方曾經好幾次採用菜鳥說的「十全十美做法」，但每次成效都不如預期。

當個人或群體成員已有了約定俗成的觀念，而你正面予以挑戰，說「還有更好的方法」、「你的觀念是錯的」，這麼做在大多數情況下不但無法發揮說服力與影

響力，還會引來強烈反彈，造成反效果。

然而，當說話者越是認為自己的點子很棒，受到反彈時就會越強勢。

- 為什麼一定要照你的方法去做？
- 你為什麼決定要繼續用現在的方法？
- 你為什麼只因為「太創新了」就反對？

如同P．181的「Why not 戰術」所言，這些問句在對方沒有具體的拒絕理由時，具有強大的說服力。

但是，當對方反駁，或是像這次的例子一樣，已經有了深信不疑的觀念，若你搬出這些說法來反詰，只會讓他人留下挑釁的印象。

一旦個人或他的群體感覺受到攻擊，就會瞬間緊閉心門，加強防備，把你要傳達的訊息排除在外。

對已經根深蒂固的思維
反問「為什麼」只會產生反效果

當對方「沒有」具體的反對理由時
為什麼不行？
呃……那好吧！
反問「為什麼」有可能軟化對方的態度。
或許我不必那麼強硬拒絕……。
當對方「有」具體的反對理由時
為什麼不行？
這是我們公司的傳統！
不僅無法軟化對方，還可能招致反感。
這個業務員的反抗性好強！

當對方的團體中已經有了根據傳統、習慣或失敗經驗所養成的成規，即使用上「Why not 戰術」，仍然得不到你要的答案。

直接批判「傳統思維」（亦即社會認同）將會使輿論延燒

若要改變對方的傳統思維，就必須繞遠路。

例如透過提問讓他們從不同角度切入，重新檢視自己深信不疑的「社會認同」，或是問出對方真正的需求，再根據科學資料，提出許多人都能接受的證據。

比較好的方法，不是用你那劃時代的構想去改變別人，**而是**

給他們一個主動思考的機會，促使他們透過「自我選擇」而改變。

舉例來說，在新冠肺炎疫情發生之前，我就認為「搭乘滿員電車通勤是種會降低產能的工作型態」。

在我上傳的影片中，我甚至說：「許多人都搭乘滿員的電車上班，孜孜矻矻地工作，而將這視為理所當然的經營家實在很愚蠢！」這是因為，絕大多數的觀看者都會善意地解釋我的意見。

詳情我留在第5章再解說，當大多數聽眾和說話者站在同一陣線時，若說話者說出毒辣的發言，為某人貼上黑標籤，就能提高這個訊息的影響力。

然而，倘若我在通勤族爆滿的電車上、廣播節目或電視上說出前述那番話，大概會引發外界強烈反彈吧！

「每個人都是按捺著不便在通勤的，你怎麼這樣說話！」、「我們可是拼上老命在工作耶！」我彷彿能預見輿論延燒的情景。

但是，請試著冷靜思考：若不必擠電車，在通勤時擁有能夠放鬆的個人空間，或是可以在自家抑或附近的工作室遠距上班，工作起來應該會更愜意。此外，大家還可以獨立創業，挑戰不必搭車通勤的工作模式。

但是，**不管內容多麼頭頭是道，要是直接否定人們的「社會認同」，就無法令大眾冷靜接受**。

當我想要表達「我認為擠電車通勤是一種會降低產能的工作模式」時，就應該像下面這樣兜圈子發問：

「你對自己的公司和工作滿意嗎？」
「每天通勤是不是讓你覺得很累呢？」
「若能夠自由選擇工作方式，你想要挑戰什麼樣的選項呢？」

如上所述，**透過提問讓聽者回想自己的情況，就能促使他重新認知到「再這樣下去不行」，心理上也會開始思考「該怎麼做才好」、「能不能想辦法改善」**。

假設你在這個時間點對他說：「那麼，要不要和我一起想想看有什麼新的出路呢？根據某項研究……」如此一來，對方應該會想要聽聽看才是。

提問「你對現況滿意嗎」能動搖人心

二〇二〇年，在新冠肺炎疫情大流行中，有一件事也跟著浮上檯面，亦即**不能正面挑戰「傳統思維（已經形成的社會認同）」，尤其在日本更是如此**。

從緊急事態宣言發布之前，直到它解除之後，媒體每天都持續報導確診數字的增減與新冠病毒所帶來的威脅。起源於中國大陸的新型病毒原本與日本關聯不大，卻在不知不覺中成了日本國民關心的大事。

人們關注的焦點在於阻止疫情擴大與了解傳染病的性質，對此展開許多討論。儘管政府要求人民自肅並沒有法律上的效力，但還是有一大半人乖乖聽從此一限制自由的命令，而這在防疫上當然是有意義且必須的措施。

在此同時，還有好幾點讓人覺得從眾的壓力太大。

店家過了晚上10點不得供應酒類、民眾不能去公園散步賞櫻、不能找朋友聚餐、

重點在於不硬逼對方改變，而是讓他思考癥結點

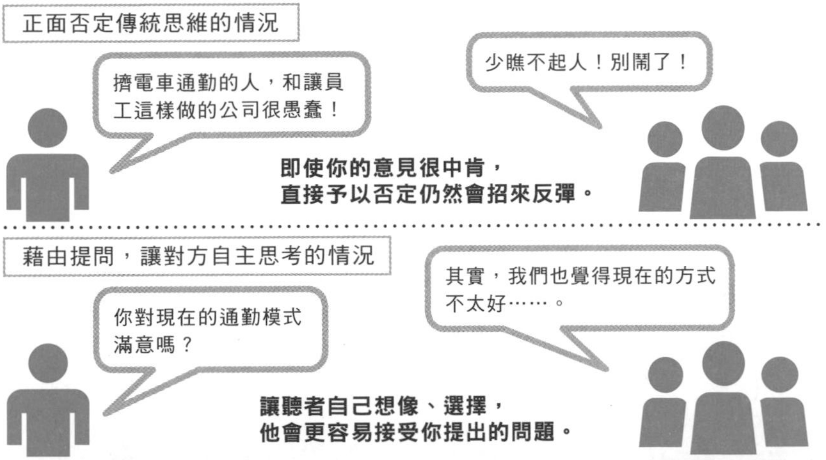

正面否定傳統思維的情況
擠電車通勤的人，和讓員工這樣做的公司很愚蠢！
少瞧不起人！別鬧了！
即使你的意見很中肯，
直接予以否定仍然會招來反彈。
藉由提問，讓對方自主思考的情況
你對現在的通勤模式滿意嗎？
其實，我們也覺得現在的方式不太好……。
讓聽者自己想像、選擇，
他會更容易接受你提出的問題。

直接否定往往會被視為攻擊。與其如此，不妨藉由提問讓對方自己察覺現狀及問題，會更容易打開他的心房。

不能去海邊玩、不得不戴口罩……等等。儘管人們透過研究逐漸了解新冠病毒的特性，但炎炎夏日還是有很多人走在路上仍然戴著口罩，即使汗如雨下，而且前後5公尺沒有任何人也一樣。

從這些例子可以看出，只要團體決定要遵守某種規定，這種約定俗成的社會認同便具有強大的力量。

因此，假設你對它有異議，想讓他們改變想法，就不要正面進攻。**無論你的說法和論點有多正**

確或傑出都沒有用，一旦令人反彈，就幾乎不可能改善狀況。

如果你從前無論投入多少熱情都沒能發揮影響力，可能是因為你太直搗黃龍。雖然要兜圈子，但我還是建議你丟出提問，製造機會讓對方自己選擇。

「大家都這麼做，但你是真的想跟著做嗎？」
「即使有這種數據，但你還是安於現況嗎？」
「你要不要找時間再次想想看，自己的人生中，什麼才是最重要的？」

訣竅在於，在**提問中加入「你對現況滿意嗎」的訊息**，因為絕大部分的人聽到這個問題，都無法斬釘截鐵地回答「滿意」。

重點整理

在社會或組織裡扎根的觀念通常已十分根深蒂固。
不要正面反擊，
而是藉由「你滿意現況嗎」的提問來撬開突破口。

原因

2 在你開口前，對方還沒有開始注意你

求職時必然會進行面試，而**影響面試是否過關的最大因素是第一印象**。心理學與社會學的多項研究都證實，帶給人好感的面試者90%會通過面試，反之則是直接被刷掉。

比起說話內容和應徵者的能力，第一印象更會左右結果，而且這一點並不僅限於面試場合。

在一對一或一對多的所有場合都會發生同樣的情況，尤其是在聽眾還不了解你的人格特質時，即使說一切都取決於第一印象也不為過。

然而，**許多人都以為自己應該能帶給別人好印象，或至少沒有給人壞印象的可能，因而疏忽大意**。

這是名叫**「達克效應」**（Dunning-Kruger Effect）的認知偏誤，意思是人們有著高估自己外表、發言、行為和能力的傾向。

實際上，若詢問民眾：「你屬於能帶給人好感的類型嗎？」有70％的人認為自己排名中上。

然而，70％的人都排名中上，這在統計學上是不可能的現象。

換句話說，**人是一種會高估自己能力的生物**。

- 別人都不認真聽自己說話。
- 我是為了團體好才提出來，但大家都不相信我。
- 我原以為這個話題一定能吸引聽眾，但他們的反應卻很冷淡。
- 對方本來就對自己要說的話沒有興趣。

如果眼前有抱著這種煩惱的人，我馬上就能看出原因，因為人會在短短2秒內測出自己對眼前對象的好感度。

包括視線、動作、說話速度在內，這些舉止在你開始說話之前就會傳達給別人，比你說話的內容更重要，但許多人都沒有察覺這一點。

聽者會被說話者的外表、舉止和打扮等表面特徵吸引，藉此決定要不要聽他說話。

舉例來說，你若能在一開始就帶給聽眾冰雪聰明的印象，聽眾就會善意解讀你之後丟出的訊息。**能這麼做的說話者有個特別顯眼的特徵，讓聽者留下既定印象，這種心理稱為「月暈效應」（Halo effect）**。

「月暈效應」之所以會發生，是因為即使是長久相處的親朋好友，人仍然無法完全掌握對方的所有面向，更別說要對初次見面的人進行綜合判斷了。

因此，人會著眼於對方身上最醒目的特徵，根據它來塑造印象，藉此迅速判斷眼前這個人會不會危害自己、有無魅力，或者是否能夠和平相處。

換言之，**如果你正在煩惱別人都不曾認真聽你說話，原因其實在於你帶給對方的印象，並不適合讓你發揮說服力和影響力**。

反過來說，只要善加了解「月暈效應」的性質，藉由行為舉止讓人留下你很聰明、很有領導力和判斷力、會兼顧公平性等印象，情況就會大幅扭轉。

在開始說話之前，要先注意自己的行為舉止。

表情、動作和姿勢比說話內容更能塑造好印象

那麼，該表現出什麼樣的舉止，才能給人聰明、有領導力和判斷力、會兼顧公平性的印象呢？

- 露出認真的表情。
- 少有肢體動作，只是淡淡地述說。
- 聽了別人說話也沒有太大的反應。
- 用詞艱澀。
- 含蓄地引經據典。
- 行動快速而俐落。

其實，這裡列舉出來的舉止都是錯誤示範，無法讓人留下好印象。

相反地，會讓人留下你很聰明、很有領導力和判斷力、會兼顧公平性等印象的

你的舉止是哪一類呢？

○能留下好印象	× 無法留下好印象
・用愉快的表情打招呼。	・露出認真的表情。
・用容易聽清楚的聲音慢慢說。	・少有肢體動作，只是淡淡地述說。
・看著對方的眼睛說話。	・聽了別人說話也沒有太大的反應。
・抬頭挺胸。	・用詞艱澀。
・戴眼鏡。	・含蓄地引經據典。
・多次回應對方。	・行動快速而俐落。
・使用肢體語言來說明。	

光靠表面的舉止，
就能操控你給別人的印象。

舉止如下：

- 用愉快的表情打招呼。
- 用容易聽清楚的聲音慢慢說。
- 看著對方的眼睛說話。
- 抬頭挺胸。
- 戴眼鏡。
- 多次回應對方。
- 使用肢體語言來說明。

由此可見，當人們對他人抱持好印象時，其指標就是「溝通能力的好壞」。

不過，反過來看，**只要掌握這些舉止，就連內向的人，也能製造**

出彷彿很會溝通的效果。

應對時，要愉快地面對人，使用清楚的語調和容易理解的遣詞用字，用敬意待人。

在人前使用這些舉止能操縱「月暈效應」，讓人留下你很聰明、很有領導力和判斷力、會兼顧公平性等印象。

靠視線和用字遣詞來掌握人心

尤其是，**當你說的內容是對方缺乏專業知識的領域時，他重視第一印象勝過說話內容的傾向會更強烈**。

舉例來說，當對方完全沒有葡萄酒的知識，就算我方拿出一瓶價值好幾百萬的珍稀葡萄酒，仍然無法解釋它的價值，因為沒有可以比較的對象。

再舉個例子，在純白畫布上打上一個黑點的現代藝術作品雖然價值好幾千萬，但坦白說我看不出它的價值在哪裡，雖然能夠查到畫布的價格，但不懂判斷現代藝術的價值根據為何。

知名企業家在演說時不會移開視線

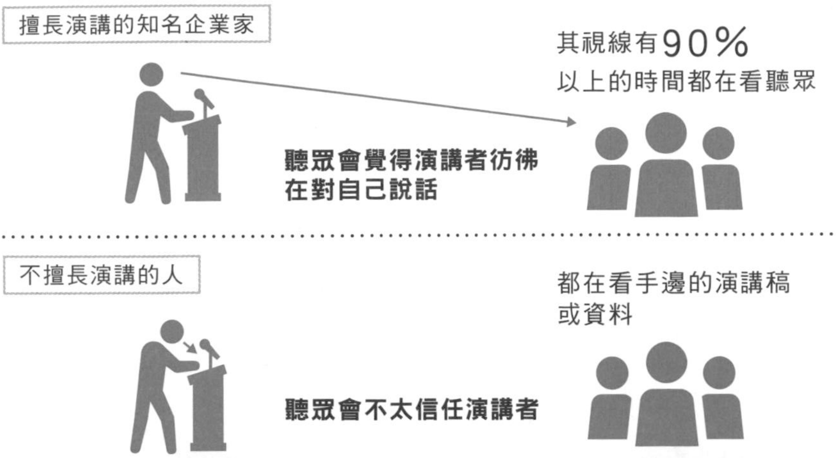
擅長演講的知名企業家
其視線有90％
以上的時間都在看聽眾
聽眾會覺得演講者彷彿
在對自己說話
不擅長演講的人
都在看手邊的演講稿
或資料
聽眾會不太信任演講者

視線能大幅扭轉聽眾對你的印象。第一印象特別重要，所以即使你不善言詞，只要在演說剛開始時看向聽眾，就能製造好印象。

同樣地，我們無法估算比自己聰明的人多麼有知性，**只能出於主觀，對人留下他看起來很聰明、很有領導力和決策力的印象，而這些特徵都簡單明瞭，容易引發「月暈效應」**。

舉個例子，有項研究曾調查過人們眼中的知名企業家在演說時如何運用視線。

結果是，賈伯斯、祖克柏、柳井正和孫正義等頂尖經營家在演說時，視線有90％以上的時間都在看觀眾，只有一瞬間會瞥向手邊的小抄、螢幕和投影出來的圖表。

先不論他們是否真的和觀眾四目相接，但這麼做不僅能讓觀眾留下「他在對我說話」的印象，還會強烈意識到他們很聰明。

相較之下，若像某些政治家，視線老是盯著讀稿機和手邊的資料，就會讓觀眾產生不信任感。

假設**你想要提高說服力和影響力，我建議你先看著對方或聽眾的眼睛打招呼，然後才開始講述**。即使無法把要說的內容全部背下來，只要演說或簡報開頭能夠不看小抄，「演講者頭腦很好」的「月暈效應」就會充分發揮作用。

除此之外，目前已知，**一臉愉快地使用簡明易懂的詞彙並且慢慢說，會比說話時一臉嚴肅更能促使聽眾留下好印象**。若為了讓自己顯得很厲害而使用專有名詞、英文或簡稱，就會有反效果。

田中角榮是日本昭和年代（西元一九二六～一九八九年）頗具代表性的政治家，從他就任大藏省大臣（類似台灣的財政部長）時對大藏省精英官僚的問候，就可窺見他擁有極為高明的人心掌握術。

「我是田中角榮，如同大家所知道的，我的學歷只有小學畢業。各位是來自全國各地的頂尖人才，每個人都是金融和財政的專家。雖然小弟我是外行人，但我經歷過大風大浪，自認稍微懂得一些工作的皮毛。未來我將和各位一起為國家服務，彼此信賴十分重要。因此，從此時此刻起，我的辦公室大門永遠為你們而開。自認很傑出的人，即使是今年才入閣的年輕閣員也不要客氣，儘管隨時來我的辦公室，有任何建言都請提出，不需要先取得上司同意。我會盡量做我能做的，不做辦不到的事，但所有責任都將由我田中角榮一肩扛起，以上報告！」

大大方方地使用簡明易懂的詞彙，替自己塑造好印象，就不必裝出一副聰明樣。

重點整理

捨棄「我給別人的印象應該很好」的認知偏誤，留意態度要勝過說話內容，如此就能抓住人心。

原因

3 成為操控人的那一方，將會失去客觀性

當你在某種程度上學會操控人心時，就會產生「失去客觀性」的問題。

- 認為自己的做法適用於任何對象。
- 誤以為自己很特別，忘記努力建立相關性。
- 權威用錯地方，用上對下的目光給人建議。
- 失去公平性，只會一味主張自己的論點。
- 用「損失框架」煽動人，想讓對方屈服。

例如，政治家一當選就開始囂張；同事在升遷之後，態度就突然變得冷淡；創業家只是稍微在事業上取得成功，就自以為是經營教主。

人往往比自己以為的更不具客觀性

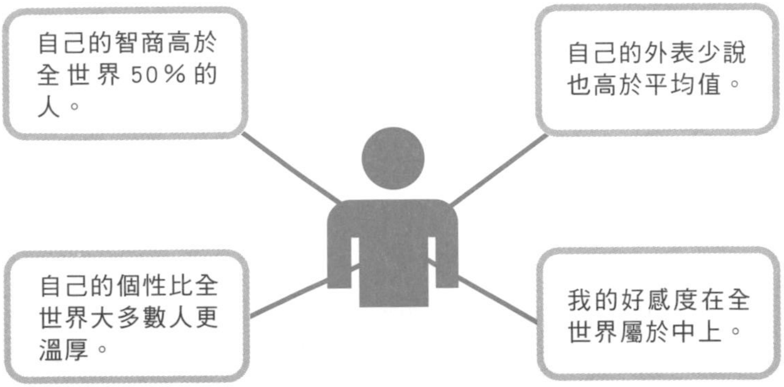
自己的智商高於全世界 50% 的人。
自己的外表少說也高於平均值。
自己的個性比全世界大多數人更溫厚。
我的好感度在全世界屬於中上。

人總會有「我沒問題」的認知偏誤。當你變得傲慢時，你的不良企圖就會露出馬腳，無法操控人心。

他們錯失了客觀看待自己地位與能力的視角。

而且，這種現象並不只會發生在小部分自我意識過剩的人身上。心理學的研究已經證實，人並不擅長客觀看待自己。

絕大多數的人都以為自己最了解自己，但組織心理學家塔莎・歐里希（Tasha Eurich）透過多項實驗，指出**「人對自己的理解度實際上只有10%到15%」**。

此外，根據行為經濟學的研究，許多人的心理會出現**「烏比岡湖效應」**（Lake Wobegon Effect），天生就有下列想法：

- 自己的智商高於全世界50％的人。
- 自己的個性比全世界大多數人更溫厚。
- 自己的外表少說也高於平均值。

這和P．225提到的「達克效應」一樣，「所有人的智商和個性都大於平均值」當然是不可能的事，只要從客觀角度就能看出這一點，但輪到自己時，人就會深信自己比別人強。

人總會有「我沒問題」的認知偏誤。當你變得傲慢時，你的不良企圖就會露出馬腳，無法操控人心。

我們原本就有這種思考偏誤，若再加上有了巧妙驅使別人的成功經驗，就會輕易捨棄客觀性。

一旦失去客觀性，你的自私自利就會露出馬腳

當你失去客觀性，想要用恣意妄為的方法操控人心時，這種自私自利的態度就會露出馬腳。即使你以為自己隱藏得很好，別人仍然感覺得到「這個人想要說服我，藉此謀取利益」、「他想欺騙我，掌控我」，進而緊閉心門。

換句話說，**若你想當個能發揮超影響力的人，就必須隨時保持客觀，冷靜思考，懂得自我掌控**。否則的話，即使一時之間做得順利並上了軌道，前方還是有重大失敗在等著你。

既然想要操控人心，就必須先學習自我控制的技術。

那麼，要怎麼做才能常保容易失去的客觀性呢？

這時，關鍵在於**「智識謙遜」。這指的是掌握自己擁有的知識和資訊範圍，拿出「不知為不知」的態度**。若做到這一點，就能保持高度的客觀性。

「智識謙遜」者會從自己犯下的失敗中學習改善方法，還懂得接納第三者給予

的不中聽批評，觀察現在的自己有什麼不足。

相較之下，不懂得「智識謙遜」的人往往認為好事是自己的功勞，壞事是別人的過錯。每個人都有自認很受歡迎的傾向，想要把過錯和失敗歸咎於別人，將其拋諸腦後。

但是，這樣不但無法成長，也無法保持客觀。

杜克大學（Duke University）的研究團隊曾針對「智識謙遜」做了以下實驗。

問受測者：「你知道自己的知識範圍有多大嗎？」藉此觀測所有人的「智識謙遜」程度。接著，請受測者閱讀「是否應該將所有難民驅逐出境」等論點極為偏頗的文章，並判斷文章內容有多少是基於客觀的事實。在這項研究中，被判定為「智識謙遜」程度很高的人具有下列傾向。

- 不會輕易批評意見不同的人。
- 很擅長查核數據與事實。

對此，研究團隊指出：「智識謙遜程度高的人擁有堅定的信念，但他們知道自己也會犯錯，擁有無論過錯大小都想要了解自己為何犯錯的意志，而這種態度能夠有意識地靠自己磨練。」

知道自身極限在哪裡的人，相對地更不容易受限於自己的主觀，對不同的意見也很寬容，會基於事實進行判斷。

培養「智識謙遜」，取回客觀性的方法

為了培養「智識謙遜」，有個有效的方法是透過自問自答來檢視主觀意識。當你想要驅使別人卻不順利時，不妨問自己下列問題。

首先，以下問題是要確認發揮說服力和影響力的「目的」。

「我現在想要達成的目標是什麼？」
「對我來說，最重要的目的是什麼？」
「我能夠簡潔易懂地說明自己的目的嗎？」

「我的目的符合現實嗎？」

接著，下列提問是要用來確定「前提」，檢查你是不是主觀意識太強烈，或是高估了自己的實力。

「我是不是覺得自己很了不起？」
「我是基於什麼前提才得出這個結論？」
「這個前提是不是讓我對奇聞的視野變得狹窄？」

最後是確認「視角」的提問。

「我是從哪個觀點看待這個問題？」
「還有沒有其他值得探討的角度？」
「在兼顧說服力和影響力這方面，我應該考慮哪幾點？」

「我是否公平地審視過自己看待事物的觀點？」

如上所述，從各式各樣的角度捫心自問，深入思考並回答這些提問，就能確實逐步培養「智識謙遜」，最終學會客觀檢視眼前的問題，並深入理解。

此外，這還能幫助你了解到自己做得不夠好，讓你不被P．235提到的「烏比岡湖效應」和P．225「達克效應」所迷惑，能夠努力改善力有未逮之處。

重點整理

人在稍微學會「操心」技巧後往往會有錯誤認知，所以要經常捫心自問，培養「智識謙遜」和客觀性。

5 章

7個嚴禁濫用的暗黑操控術

識破當權者用來掌控群眾心理的暗黑手法

「將說服力與影響力組合起來，藉此操控群眾行為」的技術是種受到千錘百鍊的煽動大眾手法。其中，有好幾個暗黑手法是利用人的欲望、恐懼、無知和誤解來操控人心，嚴禁濫用。

那些名留青史的政治家、獨裁者、經營大師和宗教領袖，也是在各個關鍵處運用這些暗黑手法，操縱國民、社會大眾、員工、消費者和信徒。

儘管那些暗黑手法都是很單純的圈套，卻能發揮強大的說服力和影響力。在第5章，我將要介紹這7種手法。

這些技巧全都能夠應用在日常生活中，但請大家千萬不要濫用它們。

相反地，若你將它們巧妙運用在正途，就能讓自己說的話更有說服力，人際關係會變得更融洽，有助於擴大對旁人的影響力。

此外，在這個章節所獲得的知識效用很大，能保護你不被別人的惡意煽動。

如同俗話說「毒與藥只有一線之隔」，事先了解用來煽動大眾的暗黑手法，便能識破掌權者或媒體在發布資訊時所設下的巧妙陷阱。

當許多人都遭到煽動時，唯有你能冷靜看清狀況，不會被群眾心理牽著鼻子走。

不僅如此，這些知識還能用來幫助你重視的人。

舉例來說，當股市上下震盪時，許多投資人都會出於想要避險的恐懼而做出衝動的選擇。然而，導致他們陷入恐慌的資訊，真的正確且兼顧公平性嗎？

包括經濟動向、社會變遷、流行的起始與結束在內，這一切都和人們的心理關係匪淺。

學習當權者和媒體運用何種手法和原理來掌控群眾心理，你就能預測他們想往哪個方向操控群眾，得以冷靜且客觀地做出判斷。

重點整理

暫且捨棄對暗黑手法的厭惡，
縱然不使用也先了解一下，
就得以保護自己和親友們不被煽動。

1 在不知不覺中陷害別人的「標籤法」

替別人貼標籤，藉此恣意操縱人的心理技巧，稱為「標籤法」（Labeling）。

舉例來說，若是上司不斷用「你真能幹」、「你的幹勁是別人的2倍」來誇獎職場菜鳥，菜鳥就會逐漸變成所有人都認同的工作高手。

再舉個例子，當不會做菜的另一半為了你努力下廚時，你只要不停地說「好吃」、「你手藝真好」、「我還想再吃」，另一半的廚藝就會變好。

實際上，有許多心理學的研究都已經證實貼標籤能改變個人的心理和行動。**當我們被人貼上好的標籤或受到稱讚，就會感到開心並付諸行動，努力使對方賦予的形象成真**。

此外，人還會對一直誇獎自己的對象產生信賴感。當信賴的人「反覆」說出讚美自己的話，「標籤法」的效果就會更好。

當職場同事或伴侶都不幫你分擔工作或家事時，與其一直為此感到不悅，不如使用「標籤法」來給予正面暗示，迫使他按照你賦予的形象去做，這樣子你才不會壓力太大。

因為，不斷誇獎一個人，能讓他照你期望的去行動。

另一方面，貼標籤也有暗黑的用法。

綽號就是個例子。

在學校裡，沒品的霸凌加害人會幫同學取難聽的綽號，製造霸凌的機會。起初裝作在開玩笑似地調侃人，用對方討厭的綽號稱呼他，觀察他的反應取樂。光是這樣就夠差勁了，但遺憾的是，「標籤法」在越封閉的群體內，所發揮的效果也越強。

漸漸地，除了那些霸凌的直接加害者之外，班上其他學生也會開始用同一綽號的形象去看待被取綽號的同學。接下來所發生的事，你或許也曾經歷過。

一旦被人用綽號貼上標籤，該名學生就會受到孤立。霸凌會對當事人的心靈帶來影響，甚至連性情都會大變。

換言之，**「標籤法」不僅會影響被貼標籤的人，還會影響群體成員，讓個人和團體同時受到操縱**。

藉由貼標籤來貶低對手

二〇一七年，奧特本大學（Otterbein University）的諾姆・史賓瑟博士（Noam Shpancer）評鑑第二次世界大戰前就設立的美國宣傳分析學會（Institute for Propaganda Analysis）所收集的資料，從中篩選出頂尖政治宣傳家所使用的7個手法。

其中，**若要傷害對手或敵對勢力的名聲和業績，最簡單又有效的方法就是貼標籤**。

史賓瑟博士還指出：「光是幫人貼上不良標籤，就能破壞對方的形象。」

若你觀察周遭，就會發現四處都有人使用許多暗黑標籤。

- **「大叔」＋「臭」**

●「大嬸」＋「囉唆」
●「老頭」＋「倚老賣老」
●「年輕人」＋「沒常識」
●「政二代」＋「靠爸（媽）」
●「宅男」＋「陰沉」
●「不能喝酒」＋「不諳人情世故」
●「認真」＋「無趣」

若說這些單純的標籤為什麼力量強大，是因為**人類有著「誤以為腦中記憶為真」的思考偏誤**。

簡單來說，若替想貶低的對象貼上大家都容易記住的不良標籤，周遭的人就會不斷想起這個標籤，並且開始把它當作事實。

企業家有時候也會在公開場合使用這個手法。

標籤會留在記憶中，容易操縱印象

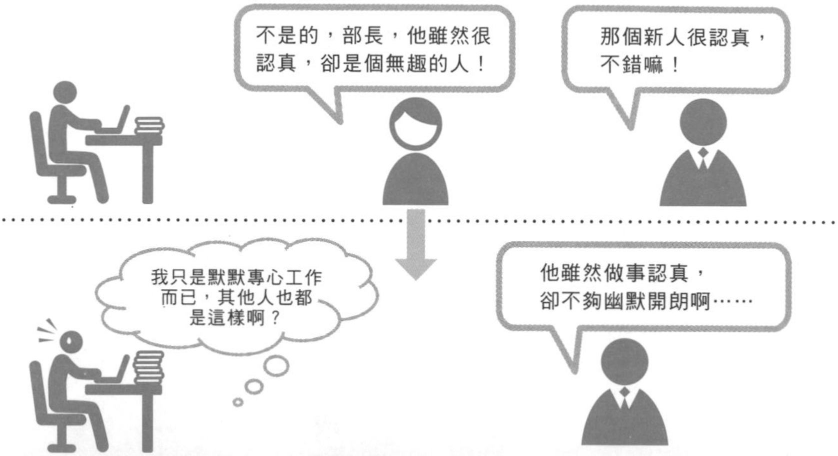
不是的，部長，他雖然很認真，卻是個無趣的人！
那個新人很認真，不錯嘛！
我只是默默專心工作而已，其他人也都是這樣啊？
他雖然做事認真，卻不夠幽默開朗啊……

用任何人都容易記住的負面詞彙替人貼標籤，這個標籤就會留在聽到的人腦海裡，逐漸把它當作事實。

舉例來說，賈伯斯曾經替競爭對手貼標籤，說「他們是妨礙資訊產業進步與革新的暴君」，用對手來襯托蘋果公司的創新形象。實際上，他成功達成目的，塑造出今日的品牌風貌。

假設你想讓某人形象下跌，只要幫他貼上不良標籤，就能獲得一定的效果。

當靠不住的上司意見反覆時，你不妨對旁人說：

「有很多人都說主管像牆頭草！」

「主管老是看上頭的臉色，所以有人叫他『風向仔』。這個外號某天傳進他耳裡，他還問『風向仔』是什麼耶！」

只要這樣四處散播，就能輕易打壞對方的形象。

相反地，**當你自己被人用這種暗黑手法貼標籤時，我建議你一定要當場否定，反駁回去**。

要是不盡快撕掉標籤，它塑造出來的負面形象就會口耳相傳，傷害你的名聲和業績。

加以否定時，要舉出明確的理由和實例。

當有人說你「個性陰沉」，若你像這樣帶點幽默地反擊回去，就能顛覆形象。

「我屬於會默默思考的類型，這或許讓我顯得陰沉，但我在家裡養的貓面前可是很多話的喔！」

負面標籤是能夠反擊的

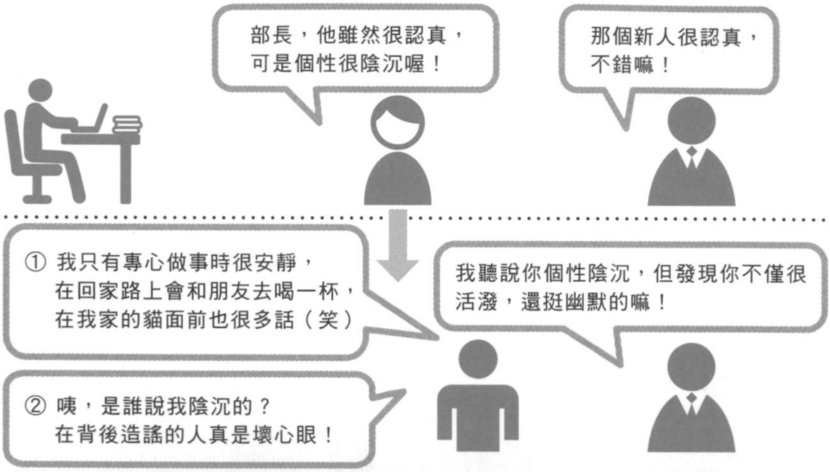
部長，他雖然很認真，
可是個性很陰沉喔！
那個新人很認真，
不錯嘛！
① 我只有專心做事時很安靜，
在回家路上會和朋友去喝一杯，
在我家的貓面前也很多話（笑）
我聽說你個性陰沉，但發現你不僅很
活潑，還挺幽默的嘛！
② 咦，是誰說我陰沉的？
在背後造謠的人真是壞心眼！

舉出可當作證據的例子來否定負面標籤，
同時指出中傷你的人有道德瑕疵，如此就能反擊。

此外，若你再進一步反駁，就能對替你亂貼標籤的人還以顏色。

「你不覺得，放出這種流言的人不可信任嗎？」
「有意見大可以當面跟我說，那個人真是表裡不一呢！」
「他好卑鄙，就像小夫一樣！」

這個手法是要撕掉貼在自己身上的標籤，並且以其人之道還治其人之身。只要你反擊時的批評越中肯，說服力就越高。

重點整理

有人用「標籤法」陷害你時，可以用幽默感和同樣的手法來回擊。

2 扭曲事實的「天花亂墜法」

「天花亂墜法」（Hyping）是說謊的一種。

我們從小就被教導「不可以說謊」和「謊話總有一天會被拆穿」，但根據政治宣傳分析研究所的數據，**政治宣傳家會說各式各樣的謊言，利用「天花亂墜法」矇騙許多人**。

雖然謊言總有一天會曝光，但根據心理學的研究，一般人若不曾受過從表情看穿謊言的特殊訓練，還能識破某人在說謊的比例是54％。

也就是說，**說話者扯的謊大約有一半不會被識破，能成功騙到人**。

政治宣傳家所使用的「天花亂墜法」就是利用認知的這種性質，透過扭曲部分事實、誇大或強調有力的證詞來蠱惑人心，是一種暗黑手法。**他們最高明的地方，就是會在事實中混入聽者想要聽到的資訊**。

因為政治宣傳家很了解「人會傾向於相信自己想要相信的事物」。他們已經預料到，只要在事實當中混入對方想聽到的謊言，即使對方察覺「這可能是謊言」，仍然會想要相信，說服自己「這個可信」。

這種刻意捏造出來的謊言，絕大部分情況下都不會被拆穿。

這時，有一種發布資訊的方法經常用到，亦即**「刪除」（Omissions）。這是一種省略部分事實的手法，能夠凸顯想要強調的資訊**。

舉例來說，在二〇二〇年有關新冠肺炎疫情的新聞中，媒體總是聚焦在1天內新增的確診人數，而不是痊癒出院的患者人數。

尤其是商業電視台的綜合資訊節目，其報導確診數增加與症狀危險性的情景總是很引人注目，但我當然了解這在防疫上有其意義。

然而，只強調新增的確診病例數，另一方面卻省略「痊癒與無症狀人數居多」的資訊，這種「刪除」手法讓人不由得感受到媒體的不良企圖。

換言之，媒體喜歡報導讓閱聽人感到不安的新聞。

要經常懷疑資訊中暗藏的「天花亂墜」與「刪除」手法

某天的新冠肺炎疫情統計

- 全國確診數累計達19萬9244人
- 累計死亡人數達2917人
- 累計出院人數為16萬7513人
- 今日確診人數為2492人
- 今日死亡人數為36人
- 目前住院與治療中人數為2萬6816人
- 今日重症人數593人
- 今日出院與解隔人數為2171人
- 某市共有137人確診
- 某市的小學有11人群聚感染

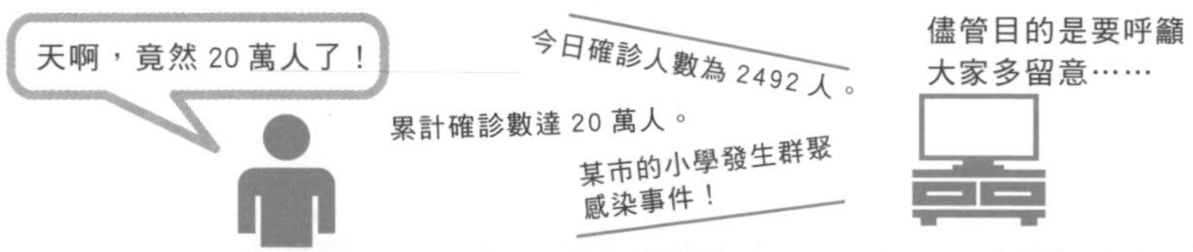
天啊，竟然 20 萬人了！
今日確診人數為 2492 人。
累計確診數達 20 萬人。
某市的小學發生群聚感染事件！
儘管目的是要呼籲大家多留意……

從眾多事實中挑選一部分有利的資訊，這種手法雖然是基於事實，但相對地很難察覺其強調或省略的意圖。

因為**人容易將注意力放在壞消息上，若感到不安，就會採取抒壓的行動**。

簡單來說，只要「刪除」部分事實，單單報導壞消息，就能吸引許多人注意，提高收視率。接著，閱聽人為了消除不安，廣告業績就會提升。

媒體的這種手法，也算是一種操縱閱聽人心理，促使他們掏錢購買的「天花亂墜法」。

連受過訓練的專家都無法識破所有謊言

雖然我現在已經不會上當了，但以前我曾在商業交涉場合上被「天花亂墜法」所欺騙，對方隱藏了我認為會扣分的資訊，只強調能勾起我興趣的部分，想藉此締結對我不利的契約。

先前提過一般人看穿謊言的機率是54％，但**這個數值會隨著經驗及知識而提升**。有數據顯示，研究謊言的心理學家有70％機率，而負責保護政要人士、隨時都保持警戒的資深特勤（Secret Service），則有超過80％的機率能看穿謊言。

以這個標準來說，我是能夠看穿人類心理的讀心師，所以揭穿謊言的機率比一般人高。儘管如此，仍然有二～三成是陷阱，會上當的時候還是會上當。

因此，**面對「天花亂墜」和「刪除」手法，我的應變之道是把對方話中提到的數字和資料做筆記，並且提防不在交涉時當場答應**。離開會面場合之後，再去查證對方提供的數據和資料。於是便發現對方的數字不符合業界的平均值，提供的資料也配合所需截取、美化過。

也就是說，對方「刪除」了重要部分，使用了「天花亂墜法」。

事實能夠根據個人需求扭曲，但只要我們有能力發現事實遭到扭曲，謹慎以對且不要相信對方就好。

接下來，我要介紹幾個看穿謊言的訣竅，讓你在遇到「天花亂墜」手法時避免受害。

人說謊時會出現的6種徵兆

人在使用「天花亂墜法」時，「說服行為」和「迴避行為」會變多。這裡所說的**「說服行為」和「迴避行為」，是指說話者為了哄騙人，說話方式會出現變化**。

說服行為

1. 開場白變多
2. 說話內容比平時瑣碎

當下列舉動變多，對方有可能正試圖用謊言說服你

說服行為

① 開場白變長

② 說話內容比平時瑣碎

③ 說話內容比平時冗長

④ 正面詞彙變多

老實跟你說……

我之前遇到一個靠投資賺進10億的人，然後啊……

這真的是個很棒的賺錢門路！

迴避行為

⑤ 模糊其詞的地方變多

⑥ 少用第一人稱

這比只會存錢來得好很多啦！

那個人說，1年有望賺到100萬日幣！

人原本是不愛說謊的生物，所以說謊時會用過多的話語來隱匿心境，或者是多用和自己不直接相關的詞彙。

③ 說話內容比平時冗長
④ 正面詞彙變多

若出現這些表徵，就代表說話者想在謊言不被拆穿的情況下說服人。

首先，「其實呢」、「老實說」、「我只告訴你」、「你聽了可能會很吃驚」等**開場白會變多**，因為說謊的人想藉由增加開場白讓自己冷靜，正在編造能讓「天花亂墜法」順利進行的劇本。

還有，說謊的人為了提高可信度，還會加入詳盡的情節，於

是**話就變長了**。除此之外，**表現正向情緒的詞彙也會變多**，例如「這真的是個很棒的賺錢門路」、「這是現在才有的好康」、「我聽到的時候也超興奮」等等。這是出於不希望你察覺他在說謊的心理，以及想要趁勢強迫你的急躁感。

迴避行為

⑤ **模糊其詞的地方變多**

⑥ 少用第一人稱

當聽者提出疑問時，說謊的人**會用更多模稜兩可的詞彙**，例如「我是這樣想啦」、「大概是吧」和「應該啦」等等。

還有，人在說謊時會有**少用第一人稱**的傾向，因為說話「天花亂墜」的那一方，心底其實也想著「如果可以，我想保持誠實」或「不想說謊」，所以會從別人的視角來說故事。

使用模稜兩可的敘述，是想要逃避責任的表現。

和人交涉時，若對方出現這裡列舉的說服行為和迴避行為，你就要特別小心，懷疑他話中有鬼。

別在當下立刻做出決定，也不要被對方的氣勢震懾到是很重要的。

重點整理

當真話裡暗藏一部分的謊言便很難看穿，所以不要看漏對方顯露出來的徵兆，避免立刻做決定，就不容易受騙。

3 用數字操控人心的「數據詐欺」

在廣告業界，「加入數字」已經是寫文案時必用的法則之一。

「堅固到可承受百人重量。」
「在10秒內補足能量！」
「你能奮戰24小時嗎？」

此外，網路媒體或YouTube的影片縮圖中，也大量使用了含有數字的標語。

「有72%機率辨別『劈腿者』的方法」
「讓35人在1個月內減掉10公斤的瘦身方法」
「60天就能大幅扭轉人生」

列出數字必有企圖

- 堅固到可承受100人重
- 成功率98.7%的威脅密技大公開
- 3週就能練成緊緻的身材
- ○○在人際關係中占9成
- 東京分校有29人考上××大學
- 60天就能大幅扭轉人生
- 3分鐘就能做好的省時食譜
- 有72%機率辨別「劈腿者」的方法

加入數字能讓受眾更容易想像。此外，即使缺乏科學根據，只要有數字，人往往會上當。

有數字不僅能讓人更容易理解資訊，還會產生「這項資訊很具體，有所根據」的錯覺。與其只說「有方法能辨別『劈腿者』」，若再加上「有72%機率」更有說服力。

這種傾向最不可思議的地方在於，無論口號中所用的數字是否具備深奧的含意或根據，都會發揮一定的效果。謹慎的人會去查詢能夠佐證那些數字的資料，但絕大部分的人光是憑「這個資訊感覺很具體、又有根據」就直覺性地接受了。

這種暗黑手法稱為「數據詐欺」，

利用人容易受到數字影響的性質，也就是有意地操作數據，藉此蠱惑人心。

舉例來說，美國導演麥可・摩爾（Michael Moore）曾於二〇〇四年發表紀錄片《華氏911》（Fahrenheit 9/11），內容是在批評時任美國總統的小布希對二〇〇一年911恐怖攻擊事件的應變。

後來，加州大學的心理學家羅斯博士（Kelton Rhoads）以這部電影為題材來分析媒體的政治宣傳手法，指出《華氏911》當中用了「數值詐欺」。

在電影中，導演使用下列數據，配上華盛頓特區的影像。

「小布希總統在上任後的二百二十九天中，有42％的時間都在度假！」

光看這個部分的話，人們會留下「這個總統真不像話」的印象。

既然「二百二十九天中有42％的時間」都在玩，觀眾自然會懷疑小布希是否真的有盡到總統的職責。

但是，這其實是「數據詐欺」，經過查證之後，發現這個數字只是小布希離開華盛頓特區的時間。

這段時間當然也包括度假期間，但其中絕大部分是小布希巡迴全美各州，或是前往世界各國訪談的時間。

若冷靜思考，就會發現應該沒有任何一個總統能在二百二十九天內花費42%的時間在玩耍，但光是觀看該部紀錄片就會被數字說服，誤以為小布希完全沒在工作。

視數字的價值基準而定，給人的印象也大幅改變

「數據詐欺」被運用在各種場合，除了媒體或企業廣告之外，就連政府發表的數字都是。

因為，**只要藉由數字來強調部分資訊，就能在不造假的情況下誤導人的判斷**。

舉個例子，將能量飲料含有的「一公克」牛磺酸寫成「一千毫克」能帶來威力。實際上，人們看到「一公克」會心想「好少」，卻覺得「一千毫克」好像很有效果。

這時，那些會懷疑「牛磺酸真的有效嗎」、「要攝取多少含量才有效」的人就

數字給人的印象很容易操作

添加1000毫克的牛磺酸	1000毫克等於1公克，但改變單位能給人含量很多的印象。
維他命C的含量相當於50顆檸檬	不說實際的含量，而是用檸檬顆數來表現，加強印象。
吸菸者的罹病率是不吸菸者的47倍！	不說發病人數，而是用倍數來傳達，讓數據看起來比實際的差距更大。

透過改變單位或不註明母數（Parameter），就能在不造假的情況下讓數字看起來很大或很小，方便進行「數據詐欺」。

是懂得批判性思考，屬於不會被「數據詐欺」所騙的類型。

然而，實際上大多數人都會被數字營造出來的印象所迷惑。

假如你想在日常生活中使用「數據詐欺」來掌控人心，不妨參考下列用法。

若你想讓部下或職場後輩對自己留下好印象，就帶他們去吃午餐吧！

假設你的預算是一萬日幣，要請客的對象是兩個人的話，要是帶他們去喝酒，就只能選平價的店。這樣子，你明明已經花錢請客了，卻很可能讓他們留下你很吝嗇的印象。

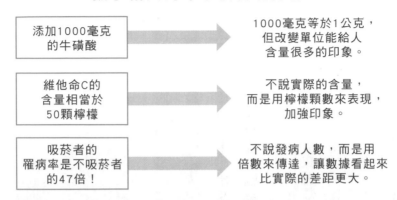

然而，若是吃午餐的話，一萬日幣的預算，應該能讓三個人在氣氛不錯的店裡吃到美味的食物。預算明明都一樣，但給人的印象卻大不相同，這是因為白天和晚上的數字價值標準（亦即每人的平均價格或必要金額）不同。

若你能掌握多數人對數字的印象，或數字本身含有的意義，並且善加運用，就能操控旁人的心之所向。

重點整理

數字會讓人覺得具體，更容易傳遞訊息。
有人濫用「數據詐欺」時，
你只要注意可信度和單位，就不容易上當。

4 越受歡迎就越吸引人的「從眾效應」

- 人們認定「排隊名店一定很好吃」，因此更加大排長龍。
- 在價格和功效都不相上下的多項商品中，若有某一款特別熱賣，人們會認為它暢銷一定有其原因而加以注目，於是熱銷商品就賣得更好。
- 基於「大家都投給他，應該能放心」的心理，沒有特定支持對象的選民，往往會投票給選前民調比較高的候選人。

如上所述，**當某個意見或選項獲得越多人支持，人們就會越深信其正確性及價值，這種心理稱為「從眾效應」（Bandwagon effect）**。

政治宣傳家在籠絡人心時，會巧妙運用「從眾效應」。

方法是，**去接觸已經很受歡迎的人、已經受到認同的價值觀、或已經形成廣大同溫層的族群，並且讓自己的認同和他們同化**。

「從眾效應」能引發受歡迎的連鎖反應

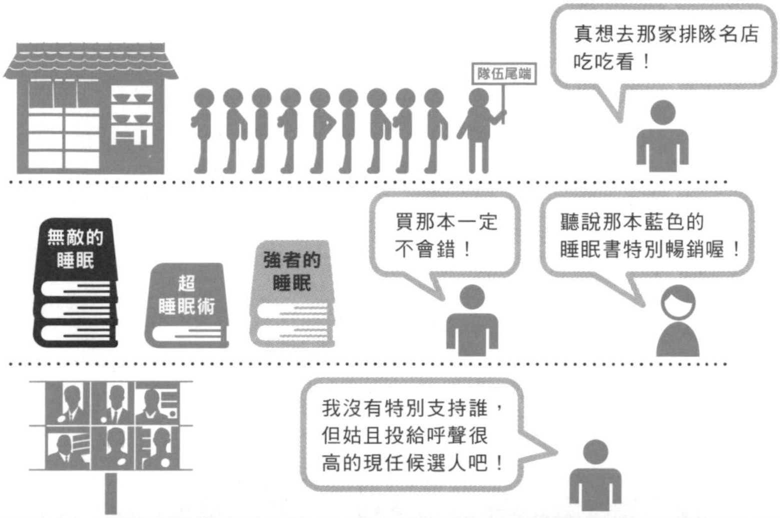

人往往認為，受到許多人支持的事物肯定有其價值，因此當某種事物受到歡迎，人氣通常會更旺。

為了更簡單易懂，我舉電子商務為例來說明。

在電子商務的領域中，關鍵決策者會將相異的同溫層連結在一起。

舉例來說，假設某家電子商務在剛成立時，用了「只有會員才能以優惠價購買」的形式來增加買氣。

不過，當會員增加到一定程度之後，光用「會員優惠價」能吸引到的人就不會再增加。

因此，電子商務的關鍵決策者會開始關注其他同溫層，並學習那些同溫層獲得支持的方法，例如支持天然食品的婦女團體、環保團體，或是憂心食品添加物會造成孩子過敏的家長團體。

他們為什麼認為天然食品對身體有益？什麼樣的產品才不會破壞環境？食品添加物所引起的過敏症狀是什麼？

這些觀點全都能在各個同溫層中發揮「從眾效應」，相信天然食品有益健康的女性、對大自然遭受破壞感到痛心的人、以及懷疑食品添加物是過敏原的家長，都會聚集到各自的同溫層。

了解這些認同之後，電子商務的關鍵決策者就會如此暗示各個同溫層：「我經手的產品或許能解決你們的煩惱」。

這樣一來，各個同溫層就會透過產品連結在一起，擴大消費市場。懂得運用「從眾效應」的關鍵決策者不僅能獲得鉅額報酬，在群體內也會更有影響力。

靠「從眾效應」聰明選擇職涯

YouTuber合作拍片也有「從眾效應」

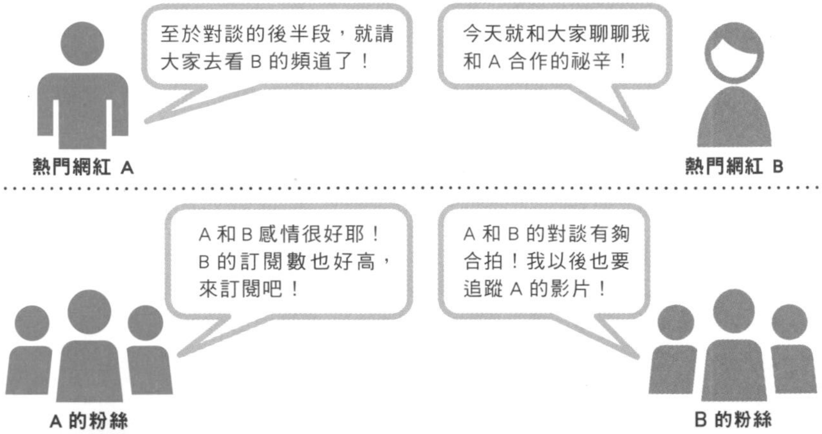
至於對談的後半段，就請大家去看B的頻道了！
今天就和大家聊聊我和A合作的祕辛！
熱門網紅 A
熱門網紅 B
A和B感情很好耶！B的訂閱數也好高，來訂閱吧！
A和B的對談有夠合拍！我以後也要追蹤A的影片！
A的粉絲
B的粉絲

若某個人事物受到圈子裡的高人氣者（這裡是指YouTuber）認可，或者和他交情很好，就容易獲得同圈子裡其他人（這裡是指粉絲）的支持。

其實，在YouTuber這一行，運用「從眾效應」就像家常便飯，例如合作拍片。

熱門網紅和其他受歡迎的網紅合作拍片，並且在各自的頻道上傳影片。

如此一來，網紅A的粉絲就會透過A頻道的影片，認識網紅B。

這和「偶然接觸到網紅B的影片」意義大不相同。

當A的粉絲看到A和B相談甚歡的模樣，「從眾效應」就會生效，讓A的粉絲認為「B很不錯」、「B的影片應該也很有趣」。

結果是，A和B的觀眾群會互相連結，使雙方頻道的觀看人數同時增加，因為**人會被受歡迎的事物吸引**。

儘管如此，你應該沒有在經營電子商務，也不是YouTuber。但若要說這樣就沒地方使用「從眾效應」，倒也並非如此。

這個手法在你規畫職涯時，例如想要轉換跑道或開始經營副業時會派上用場。

舉個例子，曾經有這樣的人來找我商量。

該名人士擁有在時尚業界工作多年的資歷，有關流行時尚的知識也很豐富。他說：「我想要成立新的服飾品牌，但遲遲沒有機會。」

又或者是，有人很關注心理學，也取得學校輔導老師的資格證照，表示「想要從事教育相關工作，但找不到適合的任職處」。

當別人來找我商量這種問題時，我一定會反問：「你為什麼想在有更多專家的業界運用自己的知識？」

之所以這樣問，是因為一定有其他圈子需要擁有豐富時尚知識的人，以及受到國家認證的心理學專家。

有些觀念在特定業界是理所當然，但在其他業界卻是嶄新的構想，這種情況並不罕見。**於是，提出那些構想的人就能在圈子裡成為「特定業界的權威」，向周圍的人發動「從眾效應」**。

換言之，離開已獲得既定好評的圈子，進入其他領域，你就會被視為「排隊名店」、「當紅商品」或「占優勢的候選人」。

要去哪個行業，才能活用自己擁有的知識和經驗呢？請你抱著這樣的觀點，尋找能讓自己大大活躍的領域。

重點整理

營造自己的人氣和優勢，
人們就會對你的評價感到安心，聚集到你這裡來。
反過來說，只要先調查高人氣是否為假象，
就不會受人操弄。

5 靠「黑色幽默」和「痛批」來提高評價

隨著時代變遷，一定會出現靠「毒舌」大受歡迎的藝人。

他們靠著黑色幽默和絕妙的批評來貶低某些人事物，藉此提高自己的評價，這現象實在很不可思議。

舉例來說，如今已是主持天王的有吉弘行之所以能再次爆紅，是因為他有著高超的毒舌技巧，不會先去揣測資深藝人或演員的心思，而是替對方取個雖然失禮卻能準確戳中笑點的暱稱（亦即「貼標籤」）。

這樣的藝人之所以受歡迎，是因為**許多人在聽到黑色幽默或負面批評時會感受到「宣洩」作用（Catharsis）**。

我在自己頻道上傳的影片中也不會隱藏毒舌的一面，因為我很清楚，直言不諱的發言能讓觀者的情緒變嗨，進而提高後續內容的說服力。

根據某項分析歷史偉人演說的研究，發現那些偉人絕非聖人君子，並且會在演

「痛批」和「黑色幽默」聽起來很爽快

那些週刊雜誌竟然把別人的不幸當題材，最好從這個世界上消失！
命理師只有在預測失準的時候才會低調，人家說亂槍打鳥總有一次會中嘛！
〇〇黨的××簡直是個蠢貨！
死老太婆，妳最好活久一點！
說得好！
他把我們不敢說的話說出來了！
沒錯沒錯，笑翻！

「痛批」和「黑色幽默」在讓人感受到「宣洩作用」的同時，還能勾起聽者的興趣和矚目。

說中夾雜下流詞彙和黑色幽默來引人發笑、藉由痛批競爭對手來貶低對方，這些都是出於刻意的安排。

這是因為，**假設在演講開頭和結尾加入黑色幽默或痛批的話語，觀眾會更仔細傾聽他們的演說內容，增加說服力和影響力**。

在我看來，經常失言的美國前總統川普之所以持續有狂熱支持者追隨，在記者會上駁倒記者的前大阪市長橋下徹之所以能贏得市民強烈支持，也是因為他們利用「黑色幽默」和「痛批」的效果，藉此掌控了人心。

髒話和激烈用詞表現出說話者的情緒，所以有說服力

二〇〇五年，北伊利諾大學（Northern Illinois University）做了一項研究，研究團隊找來一群受測者，讓他們觀看下列三種演講。

1. 在演講的開頭和結尾加入「較無傷大雅」的髒話（例如「Goddamn」或「damn it」）
2. 在演講結尾加入「無傷大雅」的髒話
3. 「一般」的演講

順便一提，英文「Goddamn」或「damn it」的嚴重性大約相當於中文的「該死」或「可惡」，而三種演講的內容相同。

之後，研究團隊詢問參與者受到這三場演講多大的影響，結果影響力最大的是

「痛批」時要注意對象

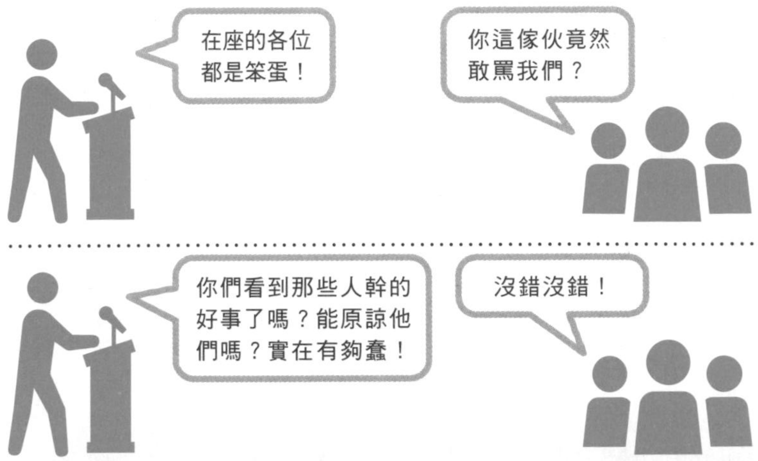
在座的各位
都是笨蛋！
你這傢伙竟然
敢罵我們？
你們看到那些人幹的
好事了嗎？能原諒他
們嗎？實在有夠蠢！
沒錯沒錯！

在開頭和結尾加入「痛批」話語，聽者更容易感受到演講人的熱情。但是，痛批的對象不是聽眾，而是龐大的惡勢力或社會。

「❶在開頭和結尾加入較無傷大雅的髒話」演講。

研究團隊指出，在演講開頭加入怒罵能夠提高觀眾對演說的關注，願意繼續聽下去，而在結尾加入怒罵則有助於讓觀眾對演說人的強烈意志留下印象。

這是因為「Goddamn」或「damn」這樣的髒話和強烈用詞承載了說話者的情緒。簡單來說，**開頭的怒罵能集中聽眾的注意力，結尾的怒罵會讓人留下「演講者是相當認真」的印象，增加說服力和影響力**。

但是，若演說內容未具可信

度，說服力和影響力就不會持續。

儘管如此，我希望大家注意的是，光是在開頭和結尾加入怒罵的元素，就能引發貌似很有說服力和影響力的錯覺。

假若你要在團體裡演講，或必須在一對一的局面下說服人，但是對自己要說的內容沒有信心，或是你要說的論點很薄弱，不妨借用「黑色幽默」和「痛批」的效果。

例如，你可以說：「我一大早就氣得要命，你們看到那則過分的新聞了嗎？」從表明對時事的怒氣來開啟話題，然後在說完正題之後，再次以「現在回想起來還是很生氣，但是讓我們把怒氣轉為動力」作結。

如此一來，**即使夾在中間的正題內容差強人意，還是能讓聽眾留下你說話很有熱情的印象**。

但是，使用這個作戰策略時，有個地方必須注意。

那就是，不可以把聽眾和他們所屬的群體當作黑色幽默或痛批的對象。

可以運用的題材有時事、不在場的人、敵對公司、八卦話題和社會制度等，這些都是說話者與聽眾之間的共通話題，而且不會直接攻擊到聽眾。

替在場的人取個揶揄他的綽號，將其轉換為黑色幽默，藉此來炒熱氣氛是高難度的技巧，還是交給專業藝人就好。

重點整理

怒罵能有效喚起聽者的注意力，傳遞說話者的熱情。另一方面，當自己聽到別人的怒罵而心生快感時，則要小心。

6 表現出「不自然的情緒」，讓對方點頭

第6個暗黑手法是令對方感到不安，藉此讓自己在對話和交涉時握有主導權。

二〇一三年，哥倫比亞大學（Columbia University）曾研究「如何展現情緒，才能有效放大對他人的影響力」，並發表了研究結果。

研究團隊將受測者送去與新創企業交涉，請受測者在交涉時以下列這2種方式來表現情緒。

❶ 在交涉時如實表現情緒

受測者面帶笑容向交涉對象打招呼，在交涉陷入膠著時，露出嚴肅的表情說：

「我覺得您提出的條件太過分了。」

❷在交涉時表現出不自然的情緒

受測者用彷彿在生氣或不耐煩的表情向對方打招呼，在交涉陷入膠著時，則是笑容滿面地說：「我覺得您提出的條件太過分了。」

以常識來看，我們會覺得模式❶的情緒（包括表情和態度）與說話內容一致，應該比較能夠幫助交涉順利進行，使雙方達成共識。

然而，實驗結果卻相反。模式❷的情緒（包括表情和態度）與說話內容不搭嘎，卻比較有利於交涉，最終締造的業績是2倍之差。

換句話說，**若刻意使出「情緒與說話內容不一致」的手法，我方就能在交涉中掌握主導權，成功率更高**。

針對原因，研究團隊指出：「缺乏一貫性的情緒表現會令交涉對象心生不安，陷入無法掌控情況的狀態，進而交出主導權。」

反過來說，具有病態人格（Psychopath）傾向的人之所以能在商業場合做出一定成果並獲得好評，其原因就在這裡。

表現出不自然的情緒
讓人更容易握有主導權

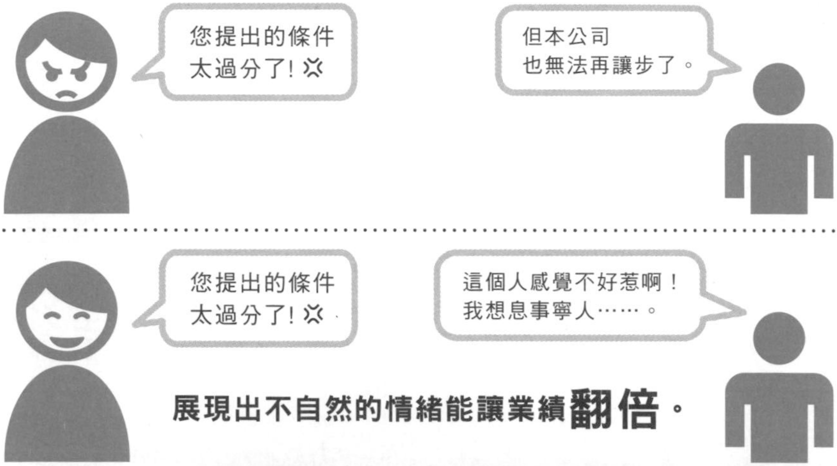
您提出的條件
太過分了！
但本公司
也無法再讓步了。
您提出的條件
太過分了！
這個人感覺不好惹啊！
我想息事寧人……。
展現出不自然的情緒能讓業績翻倍。

**人面對欠缺一貫性的情緒表現會感到不安，
變得無法掌控局面，不得不配合對方的步調。**

病態人格者具有傑出的能力，但另一方面卻明顯缺乏察知他人情感的特點。因此，若他們從經驗中得知這樣做能讓自己在交涉中占優勢，就會笑咪咪地直言：「真令人火大！」、「你是瞧不起我嗎？」對此絲毫不會感到抗拒。

於是，**病態人格者在交涉或面談場合中總能發揮強項，令人感到不安，迫使對方提出有利我方的條件**。

靠視線煽動對方的不安

我會實際在交涉場合使用這個手法。

舉例來說，當廣告代理商的加入拖長了會議時間、進行沒有意義的重複確認，或是在錄影現場被要求彩排好幾次，導致自己的寶貴時間被浪費掉時，我會為了奪回主導權而激起對方的不安。

這是為了保護自己和我的團隊成員。當對方使用對我方不利的方法，而且還沒有自覺的話，他就不是我值得締結信賴關係的對象，既然如此，我就會毫不客氣地進攻。

當然我也想要盡量和平地與許多人建立互信關係，使生意順利談成，但若我方有受害的可能，我就會斬斷彼此關係，因為把時間用來結識其他新朋友還來得更有意義。

儘管如此，面帶笑容恫嚇對方，或是在瞪著對方的同時說出懷柔的話都屬於最終手段。既然是商業交涉場合，我會盡量在自然的舉止中加入不自然的情感表現。

具體的做法是利用視線。

靠視線掌控全場

移開
我很感興趣！
咦？
我剛剛激怒他了嗎？
在奇怪的時間點，
好幾次將原本看著對方的視線移開。
緊盯
這裡是〇× 對吧？
咦？
我說錯什麼了嗎？
不轉移視線，
而是緊盯著對方的眼睛。

比起面帶笑容說出憤怒的話，運用視線更簡單，還能在不掀起風波的情況下，自然地讓對方配合自己的步調。

起初先看著對方的眼睛說話，然後在不自然的時間點轉移視線。

「這裡是〇×對吧？」先如此表現出有興趣的樣子，卻在不應該轉移視線的時間點轉移視線，對方就會覺得奇怪。

若這種情況在短時間內多次出現，對方就會開始懷疑自己是不是說錯什麼話，或心想我是不是有其他在意的事情，進而感到不安。

相反地，若我在說話時緊盯著對方看，這樣做同樣有其效果。在一般對話中，雙方四目相接的時間最長也只有幾秒鐘，若我盯著對方長達幾十秒，他就會和我轉移視線時一樣，腦海中擅自想像起來，並感到不安。

這個利用視線的「不自然情緒表現法」，你從明天起就能馬上嘗試。當你無論如何都想讓交涉對自己有利，想要奪回對話的主導權時，不妨將視線當作武器，藉此動搖對方的心。

重點整理

「不自然的情緒表現法」能讓你有效控場。

反過來說，

當你遇到別人表現出不自然的情緒時，

就要提防對方的暗黑招式。

7 利用「先恐懼，後緩解」的瞬間，迫使別人接受要求

當你想要對人提出棘手的要求時，波蘭的奧波萊大學（University of Opole）所提倡的「FTR法」是個好用的暗黑手法。

「FTR」取自「先恐懼，後緩解」（Fear-Then-Relief）的開頭字母，這是個瞄準人類心理弱點的手法，相當奸詐。

奧波萊大學的研究團隊做了這樣的實驗：請路人幫忙填寫題目超多的問卷調查，並製造出下列兩種情境。

1. 叫住偶然經過的路人，請他幫忙填寫問卷。
2. 研究團隊的成員躲在陰暗處，對路人吹哨子，使其受到驚嚇。接著，再由其他團隊成員上前請路人幫忙做問卷。

在「先恐懼，後緩解」的瞬間提出請求

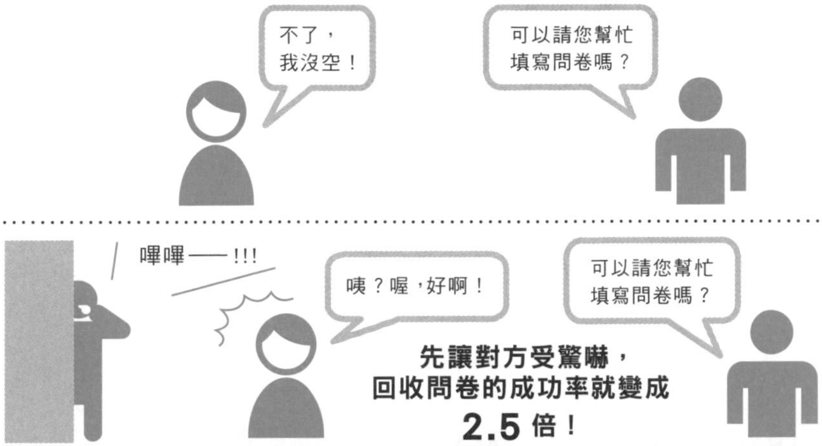
不了，
我沒空！
可以請您幫忙
填寫問卷嗎？
嗶嗶——!!!
咦？喔，好啊！
可以請您幫忙
填寫問卷嗎？
先讓對方受驚嚇，
回收問卷的成功率就變成
2.5倍！

在對方從驚嚇中恢復的瞬間提出要求，對方就會將「從驚嚇中解放的喜悅」和「答應要求」連結在一起，更容易聽命於你。

結果出現了很大的差距。

在先吹哨子嚇人的情境②中，成功回收問卷的機率是情境①的2.5倍。

針對這個結果，研究團隊的分析是：「要訣在於，選在路人從恐懼中放鬆的時間點，提出原本的請求。這樣一來，對方就會不知不覺地將『從恐懼中解放的喜悅』和『答應要求』順勢連結在一起。」

也就是說，**當人從壓力和恐懼中解放並感到安心時，會更容易答應麻煩的請求**。

我個人也會實際使用這個「FTR法」。

當我和初次合作的客戶交涉，或者是頭一次去到某個節目錄影現場時，**我會將自己塑造成一位有點難相處的人**。

在打過招呼之後，我在後續商談時就不太會開口說話，如果可以，甚至會默默坐著看書。不過，當雙方的對話沒有意義時，我會馬上指出。

當工作人員拿出今天的行程表給我看，我會說：「這時不必安排休息時間吧？」、「我不必事前彩排就能上場」、「這樣做能夠提早30分鐘結束」等等。

於是，除了負責接待我的人員之外，就連客戶方的大老都會覺得我很不好惹而感到害怕。但是，我的主張又很中肯，並不是刻意找碴。

當對方的緊繃感達到高峰，話也變少，現場瀰漫著緊張的氣氛時，我會突然表現出好相處的一面。說是「好相處」，但也不代表要誇獎對方或用客套話來炒熱氣氛。

我只是會詢問接待人員的嗜好，或是聊起養寵物的話題，若發現彼此有共通點，就說「我也看了很多動畫」、「貓真的好可愛」等等。

這樣子，屬於我自己的FTR法就完成了。當對方從緊張中獲得解放，鬆了一口氣時，我再提出對我方有利的條件，或者是希望對方答應的請求，幾乎都能達到目的。

不和藹的人露出笑容能讓人安心，藉此攻其不備

當人們討論到領導力時，經常會陷入「領導人應該要令人懼怕還是受人仰慕」的二選一模式。**如果硬要從中選出理想的領導人樣貌，我會建議大家當個令人懼怕的領導人**。

原因是，令人懼怕的領導人能夠運用FTR法，但受人仰慕者無法製造恐懼，少了一個能用來操控人心的交涉武器。

平時沒什麼親和力的人，若偶爾表現出溫柔的一面就能大幅提高好感度。同樣地，當令人懼怕者突然展現幽默或同理心，就能讓人「先恐懼，後緩解」，藉此攻其不備，進而吞下我方的請求。

當你企圖影響別人，改變對方的行為時，不妨用某種方法讓他恐懼或緊張，然後趁其大意的那一瞬間切入正題。

重點整理

利用「先恐懼，後緩解」的方式提出要求，會更容易通過。

相反地，各位讀者最好要提防在嚇你之後又釋出善意和提出要求的人。

操控人心的技巧：向歷史人物學習操縱人心的方法，跟著頂尖讀心師培養超影響力！/ 讀心師 DaiGo 著；伊之文譯 .-- 初版 . -- 臺中市：晨星 , 2022.10
面；　公分 . --（勁草生活 ; 526）

譯自 : 超影響力 : 歴史を変えたインフルエンサーに学ぶ人の動かし方
ISBN 978-626-320-238-2 (平裝)

1.CST: 應用心理學 2.CST: 說服 3.CST: 人際關係

177　　　　　111012951

勁草生活 526

操控人心的技巧

向歷史人物學習操縱人心的方法，跟著頂尖讀心師培養超影響力！

超影響力 : 歴史を変えたインフルエンサーに学ぶ人の動かし方

作　　者｜讀心師 DaiGo
譯　　者｜伊之文
責任編輯｜王韻絜
校　　對｜林倢妤、伊之文、王韻絜
封面設計｜戴佳琪
內頁排版｜陳柔含
創 辦 人｜陳銘民
發 行 所｜晨星出版有限公司
台中市 407 工業區 30 路 1 號
TEL：(04)23595820　FAX：(04)23550581
https://star.morningstar.com.tw
行政院新聞局局版台業字第 2500 號
法律顧問｜陳思成　律師
初　　版｜西元 2022 年 10 月 15 日 初版 1 刷
再　　版｜西元 2023 年 04 月 15 日 初版 2 刷

讀者服務專線｜(02) 23672044 / (04) 23595819#212
讀者傳真專線｜(02) 23635741 / (04) 23595493
讀者專用信箱｜service @morningstar.com.tw
網路書店｜https://www.morningstar.com.tw
郵政劃撥｜15060393（知己圖書股份有限公司）
印　　刷｜上好印刷股份有限公司
定　　價｜新台幣 390 元
I S B N｜978-626-320-238-2

歡迎掃描
QR CODE
填線上回函